Entre los títulos en esta serie

EDITADOS E INTRODUCCIONES POR MARY-ALICE WATERS

Cuba y Angola: La guerra por la libertad
HARRY VILLEGAS (2017)

Son los pobres quienes enfrentan el salvajismo del sistema de 'justicia' en EE.UU.
LOS CINCO CUBANOS HABLAN SOBRE SU VIDA EN LA CLASE TRABAJADORA NORTEAMERICANA (2016)

Voces desde la cárcel: Los Cinco Cubanos
RAFAEL CANCEL MIRANDA, GERARDO HERNÁNDEZ, RAMÓN LABAÑINO Y OTROS (2014)

Cuba y Angola: Luchando por la libertad de África y la nuestra
FIDEL CASTRO, RAÚL CASTRO, NELSON MANDELA Y OTROS (2013)

Las mujeres en Cuba: Haciendo una revolución dentro de la revolución
VILMA ESPÍN, ASELA DE LOS SANTOS, YOLANDA FERRER (2012)

La Primera y Segunda Declaración de La Habana
(2007)

Aldabonazo: En la clandestinidad revolucionaria cubana, 1952-58
ARMANDO HART (2004)

Marianas en combate
TETÉ PUEBLA (2003)

De la sierra del Escambray al Congo
VÍCTOR DREKE (2002)

Playa Girón / Bahía de Cochinos
FIDEL CASTRO Y JOSÉ RAMÓN FERNÁNDEZ (2001)

Cuba y la revolución norteamericana que viene
JACK BARNES (2001)

Che Guevara habla a la juventud
(2000)

Pombo: A Man of Che's *guerrilla*
HARRY VILLEGAS (1997)

¡Qué lejos hemos llegado los esclavos!
NELSON MANDELA Y FIDEL CASTRO (1991)

In Defense of Socialism
FIDEL CASTRO (1989)

NUESTRA HISTORIA AÚN SE ESTÁ ESCRIBIENDO

NUESTRA HISTORIA AÚN SE ESTÁ ESCRIBIENDO

LA HISTORIA DE TRES GENERALES CUBANO-CHINOS EN LA REVOLUCIÓN CUBANA

ARMANDO CHOY · GUSTAVO CHUI · MOISÉS SÍO WONG

PATHFINDER

NUEVA YORK   LONDRES   MONTREAL   SYDNEY

Editado por Mary-Alice Waters
Edición en español: Martín Koppel

ISBN 978-1-60488-103-5
Número de Control de la Biblioteca del Congreso
(Library of Congress Control Number) 2017960739

Impreso y hecho en Estados Unidos de América
Manufactured in the United States of America

Primera edición, 2005
Segunda edición, 2017

DISEÑO DE LA PORTADA: Eva Braiman

FOTO DE LA PORTADA: Miembros de la Alianza Nueva Democracia China en un acto en La Habana, 2 de septiembre de 1960. La concentración de más de un millón de personas, organizada en respuesta a los intentos de Washington de alinear a los gobiernos de América Latina contra Cuba, aprobó una réplica a los gobernantes norteamericanos conocida como la Primera Declaración de La Habana.

Pathfinder
www.pathfinderpress.com
Correo electrónico: pathfinder@pathfinderpress.com

Tabla de materias

Mapas

Recuadros, fotos, ilustraciones

Jonathan Silberman/Militant

"Este libro será un vehículo para dar a conocer en todos los países lo que es la Revolución Cubana", dijo el general Moisés Sío Wong en el lanzamiento en La Habana de *Nuestra historia aún se está escribiendo* en febrero de 2006. "Ayudará también a que se conozca la participación de los chinos en la historia de Cuba".

En el evento también hablaron (desde la izquierda): José Ramón Fernández, vicepresidente de Cuba; el general Gustavo Chui y el general Armando Choy.

El libro ha sido presentado en más de 100 eventos en ciudades por todo el mundo.

Prefacio a la segunda edición

MARY-ALICE WATERS

ESTA NUEVA EDICIÓN DE *Nuestra historia aún se está escribiendo: La historia de tres generales cubano-chinos en la Revolución Cubana* se publica 12 años después de que se presentó la original en la Feria Internacional del Libro de La Habana en febrero de 2006. La demanda de una segunda edición es muestra del interés perdurable generado por la rica historia de luchas —y victorias— revolucionarias que toma vida con las palabras de Armando Choy, Gustavo Chui y Moisés Sío Wong.

En los años transcurridos desde que la editorial Pathfinder publicó sus relatos en español y en una traducción al inglés, este libro ha sido el tema de más de 100 presentaciones y paneles de discusión en países, ciudades y universidades por todo el mundo: desde Santiago de Cuba hasta Beijing y Guangzhou; desde Kuala Lumpur hasta Caracas; desde Vancouver, Toronto y Montreal hasta San Francisco, Nueva York, Miami, Londres, Edimburgo, Auckland y Sydney, para nombrar solo algunos lugares.

Se publicó una traducción al chino de la Casa Editorial de

Mary-Alice Waters, presidenta de la editorial Pathfinder, es la directora de *New International*, una revista de política y teoría marxista. Ha editado más de 30 libros de entrevistas, escritos y discursos de dirigentes de la Revolución Cubana.

Propiedad Intelectual en 2008; una edición cubana de la Editora Política en 2010; y una en persa de la editorial iraní Talaye Porsoo en 2014. Una traducción al francés de esta nueva edición está prevista para 2018.

Tres hechos ante todo, inesperados para la mayoría de los lectores, han suscitado este amplio interés.

Primero, muchos se enteran con sorpresa que Cuba fue uno de los principales destinos de la emigración china en gran escala en el siglo XIX, conocida históricamente como la "trata de culíes". Los lectores se asombran al descubrir que más de 140 mil trabajadores en servidumbre fueron enviados hacia Cuba desde puertos del sur de China entre 1847 y 1874. Estos trabajadores fueron importados a exigencia de los ricos hacendados para reemplazar la menguante mano de obra esclava africana en los cañaverales de lo que entonces era el mayor país productor de azúcar en el mundo.

Como porcentaje de la población, esta inmigración china fue más grande que en cualquier otro país de América. Durante esos mismos años, fue proporcionalmente mayor que la afluencia a Estados Unidos de los trabajadores chinos que llegaron a California, primero en busca de oro y después para construir el tramo más formidable del histórico ferrocarril transcontinental.

Con pocas excepciones, los trabajadores de servidumbre que sobrevivieron a la travesía marítima a Cuba, y después ocho años de trabajo bajo contrato en condiciones similares a la esclavitud, nunca regresaron a China. En Cuba formaron matrimonios mixtos y fueron trabajadores, agricultores y pequeños comerciantes. Vivieron como otros trabajadores cubanos. Hoy día en las calles de La Habana y otras ciudades de la isla no es infrecuente oír decir que la nación cubana nació de la mezcla de tres vertientes: una española, una africana y una china.

Segundo, los lectores se sorprenden por la masiva participación y la contribución ejemplar de los trabajadores chinos en las guerras cubanas de independencia contra España entre 1868 y 1898, guerras que se entrelazaron indisolublemente con la lucha para abolir la esclavitud y el trabajo en servidumbre en todas sus formas. Como subraya el relato de Sío Wong, no ocurrió nada parecido en ninguna otra parte del mundo donde se asentaron grandes números de trabajadores chinos.

Tercero, y lo más importante, muchos lectores quedan asombrados al saber que hoy día en Cuba, a diferencia de cualquier otro país del mundo, la discriminación e incluso los prejuicios contra los cubanos de ascendencia china han dejado prácticamente de existir. No hay un "techo de cristal"; no existe un sector de la sociedad ni un nivel de responsabilidad donde haya cubano-chinos solamente en posiciones simbólicas. No hay empleos que sean típicamente "trabajos chinos". Wang Lusha aborda este tema con elocuencia en el prólogo de esta nueva edición.

¿Cómo es posible? ¿Por qué en Cuba es distinta la comunidad china de la de Perú, Brasil, Argentina o Norteamérica? pregunta Sío Wong. "La diferencia", contesta, "está en el triunfo de una revolución socialista". Aquí "pusimos fin a las relaciones de propiedad que crean la desigualdad no solo económica sino social entre el rico y el pobre. Es lo que hizo posible que el hijo de un chino pudiera ser representante del gobierno, que pudiera ser cualquier cosa".

Nuestra historia aún se está escribiendo es efectivamente una introducción a esa revolución socialista.

Cómo y por qué tantos jóvenes cubanos, igual que los tres autores, se sumaron a la lucha revolucionaria para derrocar lo que los trabajadores en ese país simplemente llamaban la "tiranía" en los años 50: la dictadura militar de Fulgencio Batista, respaldada por Washington.

Cómo y por qué el triunfo de esa inmensa lucha popular —que costó 20 mil vidas— abrió paso a la primera revolución socialista en América.

Cómo, al hacer esa revolución, millones de hombres y mujeres, jóvenes y viejos, se transformaron mientras luchaban para sentar las bases de un nuevo orden económico y social.

Por qué la Revolución Cubana sigue siendo hoy día el único ejemplo vivo de lo que es una revolución socialista y de lo que pueden lograr los trabajadores comunes y corrientes, como aquellos que la hicieron y la siguen defendiendo.

La adición más importante a la segunda edición de *Nuestra historia aún se está escribiendo* es el prólogo del traductor chino Wang Lusha, que apareció originalmente como epílogo a la edición china de 2008. Él explica cómo se enteró por primera vez de los tres generales cubanos chinos y cómo sus historias lo impactaron. Wang da voz a la sorpresa y al sentido de orgullo de muchos chinos en todo el mundo, especialmente los jóvenes, que gracias a este libro han aprendido más sobre su propia historia de resistencia, combate y triunfo revolucionario.

Agradecemos a Linette Chua en Manila por traducir el prólogo al inglés, y a José Ignacio Fernández Armas y Kagita Chen Xiulian en La Habana por traducirlo al español.

En esta nueva edición del libro se mejoraron las traducciones. Se agregaron notas al pie para aclarar ciertas referencias que, con el transcurso de más de una década, se habían hecho menos comprensibles. Y se actualizaron detalles biográficos en los datos sobre los autores y el glosario. Además se agregaron nuevas fotos e ilustraciones.

Ante todo, y lo más importante, el potente mensaje revolucionario de Armando Choy, Gustavo Chui y Moisés Sío Wong, en sus propias palabras, no ha cambiado.

Diciembre de 2017

Prólogo

WANG LUSHA

PARA LOS CHINOS NACIDOS después de los años 70, Cuba es un país poco conocido. Sabemos poco sobre su ubicación geográfica, sus costumbres y tradiciones, su historia y cultura. Quizás la única impresión que tenemos de Cuba viene de esa imagen de Che Guevara en las camisetas tan de moda, portando su boina con estrella de cinco puntas. Entonces ¿qué significa Cuba para nosotros realmente?

De niño, yo a menudo escuchaba a mi padre hablar de cuando, en su plena juventud, había participado en manifestaciones contra los norteamericanos. En las calles coreaban consignas de "¡Cuba sí, yanquis no!" en apoyo a la Revolución Cubana y contra el bloqueo estadounidense. En aquella época la canción "Hermosa Habana" se hizo muy popular en China. Muchos jóvenes admiraban el carisma de dirigentes cubanos como Ernesto Che Guevara y Fidel Castro. Cuba influyó en una generación de jóvenes chinos con su singular atractivo.

Sin embargo, con el paso del tiempo, las nuevas generaciones en China parecen haber olvidado este país lejano en el Caribe

Wang Lusha es el traductor de la edición china de este libro, publicada en Beijing en 2008. Trabaja en la industria china del cine y la televisión; fue guionista de una serie de televisión de 28 episodios sobre los chinos en Cuba. Vive en Huhehaote, Mongolia Interior, y en Beijing.

que tuvo un impacto tan grande en nuestro orgullo y espíritu nacional. Pero la historia de Cuba aún la están escribiendo los cubanos de generación en generación. Esta historia, desconocida por los jóvenes chinos, no ha sido olvidada por el resto del mundo. En todos los rincones del mundo, los que persiguen la libertad y la justicia mantienen la mirada puesta en esta tierra prometida. Una de estas personas es la periodista estadounidense Mary-Alice Waters, quien concibió este libro con una profunda pasión por Cuba. Por tanto, espero que mi traducción transmita ese sentimiento a todos los chinos que se interesen por Cuba y deseen conocer más sobre ella.

■

Aunque no he viajado por todas las tierras del mundo, ni puedo decir que posea mucha experiencia y conocimiento, yo viví cinco años en Holanda, en la región norte del globo, y en Nueva Zelanda, en el sur. Aquellos años me permitieron aprender un poco sobre la civilización occidental y adquirir una comprensión más profunda sobre la vida de los chinos de ultramar.

Hay dos cosas que se mantienen vivas en mi memoria. La primera es mi visita, estando en Nueva Zelanda, a una exposición cultural sobre la inmigración china, donde se exhibían muchas caricaturas peyorativas dibujadas por occidentales hace un siglo. En ellas la mayoría de los chinos eran representados con dientes de burro, trencita, pequeños bigotes, ojos rasgados y uñas largas. Las personas que veían estos dibujos fácilmente podrían pensar que los chinos eran villanos traicioneros. La mayoría de las caricaturas presentaba a los chinos como extranjeros que llegaban a Nueva Zelanda para abrir lavanderías o restaurantes o trabajar como culíes, haciendo que muchos ciudadanos neozelandeses perdieran sus empleos o sus negocios.

Hoy día, si bien ha mejorado bastante la posición social de

los chinos en Occidente, aún existe el estereotipo de que los chinos solo son buenos para dos cosas: manejar un restaurante y hacer matemáticas. (La razón por la que los chinos son mejores que otros en matemáticas es que el gobierno chino, después del fin de la "Revolución Cultural", dedicó mucha atención a la educación básica. A partir de la escuela primaria, no se les permite a los alumnos usar calculadoras: tienen que hacer los cálculos a mano).

La segunda cosa que recuerdo bien es la conversación que tuve, mientras estudiaba en Holanda, con un compañero africano proveniente de Camerún. Al saber que yo era de China, me dijo que en su país había muchos chinos, y comentó que seguramente yo sabía cocinar muy bien. Me extrañó y le pregunté por qué pensaba eso. Me respondió que todos los chinos en su país tienen restaurantes y por tanto creía que todos somos buenos cocineros. Por suerte no pensaba que lo *único* que sabemos hacer es cocinar. Parece que, desde los países más desarrollados como Estados Unidos hasta los menos desarrollados en África, piensan que todos los chinos se dedican a la profesión culinaria.

Durante los pocos años que viví en el extranjero, yo también trabajé en restaurantes, igual que casi todos los compatriotas que he conocido en otros países (incluidos los que nacieron y crecieron en Holanda o Nueva Zelanda). Entonces, ¿acaso solo sabemos cocinar y nada más? No. Ahora también hay otra profesión que se considera que los chinos hacemos bien: programación de computadoras, porque requiere conocimientos matemáticos básicos.

En realidad, muchos chinos de ultramar son ricos, pero aún no han obtenido reconocimiento y aceptación social, y mucho menos por parte del gobierno del país donde viven. Por un tiempo yo me sentía triste por haber nacido chino. Quería haber tenido padre estadounidense, porque me aferraba a la idea de que los estadounidenses son respetados y solicitados en todo el mundo mientras que los chinos somos vistos como incompetentes e inferiores.

Pero un hombre cambió mi manera de pensar y me hizo reconsiderarlo todo. Ese hombre fue el general Moisés Sío Wong. El primer artículo que leí sobre él por Internet narraba que, siendo descendiente de chinos en Cuba, por su propio esfuerzo llegó a ser general, y hasta fue ayudante de Raúl Castro. Pensé que eso no podía ser cierto. ¡Un general cubano-chino! ¡Hmm! ¿Cómo es posible? Los chinos de ultramar solo sirven de cocineros: ¿cómo van a dejar la tabla de cortar y llegar a ser dirigentes? Durante un tiempo pensé así. Pero mi sentido latente de orgullo nacional me llevó a comenzar discretamente a buscar información sobre el general Sío Wong.

Afortunadamente, por casualidad encontré este libro, *Nuestra historia aún se está escribiendo.* A través de entrevistas con el General Sío Wong así como Armando Choy y Gustavo Chui, los otros dos generales cubano-chinos, el libro nos presenta la historia moderna de Cuba desde una perspectiva única.

Al leer las páginas de este libro, fui quedando más y más asombrado. Me enteré que además del general Sío Wong hay muchos otros chinos que hicieron notables aportes en Cuba. Desempeñaron un papel importante en los ámbitos no solo económicos sino políticos. Entre ellos estaban José Wong, José Bu, José Tolon (Lai Wa), Armando Choy, Gustavo Chui y muchos más. Estos cubano-chinos agregaron un capítulo conmovedor a la historia de los chinos de ultramar.

¡Al parecer, los chinos no nacieron para cocinar! Y tampoco son inferiores a otras nacionalidades. ¡Haber nacido chino no es ni lamentable ni mucho menos vergonzoso! Entonces, me pregunté, ¿qué sucedió en Cuba para que los chinos alcanzaran la posición que actualmente ocupan, que en los demás países se les niega?

El general Sío Wong explica en este libro: "[En Cuba] se llevó a cabo una revolución socialista. La revolución eliminó la discriminación por el color de la piel. Eso es porque, ante todo, pusimos fin a las relaciones de propiedad que crean la desigualdad no solo económica sino social entre el rico y el pobre".

Esto es lo que nos ha dado la revolución socialista: la eliminación de los cimientos del racismo y la desigualdad de clase. Es por eso también que todos los extranjeros en China hoy día son tratados bien y con hospitalidad, independientemente del color de su piel o la riqueza que posean. ¡Esa es la grandeza de la revolución socialista!

Nuestra historia aún se está escribiendo, a través de las entrevistas con los generales Sío Wong, Choy y Chui, transmite sus experiencias en la revolución socialista cubana y describe ese país antes y después de la revolución. Al hablarnos con sus propias palabras sobre las luchas y las tribulaciones de los cubano-chinos, ellos nos hacen comprender, con mucha perspicacia, que los chinos no se identificaban como una raza distinta al pueblo cubano, sino más bien como parte de una lucha junto a Fidel Castro, Ernesto Che Guevara y otros cubanos en la batalla por la liberación de su país. En la revolución socialista no existen distinciones raciales, solo manos que anhelan y luchan por la libertad.

■

Quiero agradecer a mis padres por su continuo apoyo a mi vida y mis estudios en el extranjero. También doy las gracias al director de televisión Wang Xinmin por su orientación y apoyo, y a los productores de televisión Zhang Mingzhi y Liu Xiangqun por la confianza depositada en mí y por ofrecerme la edición en inglés de *Nuestra historia aún se está escribiendo.* Expreso mi agradecimiento al señor Liu Guohua por toda la información sobre la historia de Cuba, a Cao Na y Li Wenming por su valiosa ayuda durante el proceso de traducción, a Wang Ludi y Meng Ran por traducir las partes en español del libro y a la señora Wang Ping por la corrección de mi trabajo. Agradezco a todos los que me ofrecieron comprensión y apoyo durante este proyecto. Sin todos ustedes, no habría logrado traducir este libro. ¡Muchas gracias!

2008

Introducción

MARY-ALICE WATERS

Nuestra historia aún se está escribiendo añade un capítulo más a la crónica de la Revolución Cubana según la narran quienes han estado en las primeras filas de esta batalla épica por más de 50 años.

Armando Choy, Gustavo Chui y Moisés Sío Wong, tres jóvenes rebeldes de ascendencia cubano-china, llegaron a ser combatientes en la lucha clandestina y en la guerra revolucionaria de 1956–58 que tumbó a la dictadura de Fulgencio Batista respaldada por Washington y abrió la puerta a la revolución socialista en América. En el transcurso de una vida de acción revolucionaria, cada uno llegó a ser general en las Fuerzas Armadas Revolucionarias de Cuba. A través de sus historias podemos ver las fuerzas económicas, sociales y políticas que dieron origen a la nación cubana y que aún definen nuestra época.

Vemos cómo millones de personas comunes y corrientes como ellos —"hombres y mujeres surgidos de la nada" a quienes los gobernantes ni siquiera ven— simplemente se negaron a aceptar un futuro sin dignidad ni esperanza, rehusaron conformarse con menos de lo que habían soñado. Entraron marchando al escenario de la historia y cambiaron su rumbo. Al hacerlo, ellos mismos se convirtieron en seres humanos diferentes.

La sugerencia original de hacer este libro nos la dio Harry Villegas, general de brigada de las Fuerzas Armadas Revolucionarias de Cuba (hoy retirado) y Héroe de la República de Cuba. Es conocido alrededor del mundo como Pombo, el nombre de guerra que el dirigente revolucionario cubano-argentino Ernesto Che Guevara le puso en 1965 cuando lucharon juntos con las fuerzas antiimperialistas en el Congo y durante los dos años siguientes en Bolivia.

En febrero de 2002 los editores de Pathfinder acabábamos de completar el trabajo para *De la sierra del Escambray al Congo: En la vorágine de la Revolución Cubana,* por Víctor Dreke. El libro había tenido buena acogida en la Feria Internacional del Libro de La Habana y en animados intercambios por toda la antigua provincia de Las Villas en el centro de la isla, encuentros organizados con la colaboración de la Asociación de Combatientes de la Revolución Cubana. Ya estábamos avanzados en la preparación de otros dos títulos relacionados con la Revolución Cubana y el lugar que ocupa en el mundo: *October 1962: The 'Missile' Crisis as Seen from Cuba* (Octubre de 1962: La crisis 'de los misiles' vista desde Cuba), por Tomás Diez, y *Marianas en combate,* la historia de la general de brigada Teté Puebla —la mujer de más alto grado en las fuerzas armadas de Cuba— y del Pelotón Femenino Mariana Grajales en la guerra revolucionaria cubana.

Planificando con anticipación, Villegas nos invitó a la sede nacional de la Asociación de Combatientes de la Revolución Cubana, de la cual él era entonces el vicepresidente ejecutivo. Nos presentó a Armando Choy, Gustavo Chui y Moisés Sío Wong. *Nuestra historia aún se está escribiendo* es fruto del trabajo que comenzó ese día.

■

Los tres jóvenes cubano-chinos, de edad similar, crecieron en distintas partes de Cuba, bajo diferentes condiciones de clase y entornos sociales. Cada cual por su propia senda llegó al mismo curso de acción revolucionario. Se volcaron a la gran batalla proletaria que definió a su generación: la lucha por derrocar a la tiranía batistiana y defender la soberanía e independencia de Cuba contra la embestida del imperio del norte.

De sus relatos se desprende la importancia y el peso histórico de la inmigración china a Cuba desde mediados del siglo XIX. En proporción con la población, la inmigración china a Cuba fue mayor que en cualquier otro país de América, incluido Estados Unidos. De hecho, miles de trabajadores chinos, traídos a Estados Unidos para construir los ferrocarriles en el Oeste, emigraron después a Cuba, esperando encontrar mejores condiciones de vida y trabajo.

El lucrativo tráfico de decenas y decenas de miles de campesinos chinos —su reclutamiento forzoso, su transporte en barcos de la muerte hacia Cuba, su trabajo en servidumbre en las plantaciones azucareras para suplementar las fuentes menguantes de esclavos africanos— y sobre todo su resistencia, sus luchas y su intachable historial de combate en las guerras cubanas de independencia contra España en 1868–98: todo esto se esboza aquí a grandes rasgos. Es una historia mayormente desconocida fuera de Cuba.

No obstante, lo que se presenta aquí no es solo historia. Es uno de los hilos conductores indispensables en Cuba revolucionaria hoy. Se va desarrollando el relato: desde la opresión racista de los chinos y los negros antes de 1959, hasta las medidas tomadas por el gobierno popular revolucionario encabezado por Fidel Castro para poner fin a esta discriminación y combatir su legado, así como la integración de los cubanos de origen chino en todos los niveles de la vida social y política actual. Como plantea Sío Wong tan contundentemente, la medida más grande que se tomó contra la discriminación "fue hacer la revolución".

"La comunidad china aquí en Cuba es distinta de la de Perú, Brasil, Argentina o Canadá", subraya. "Y la diferencia está en el triunfo de una revolución socialista".

■

El derrocamiento revolucionario de la dictadura de Batista ocurrido el 1 de enero de 1959 no fue el final de esa historia. Fue el comienzo. Después de tomar el poder, las masas trabajadoras de Cuba comenzaron a construir una nueva sociedad que representó una "afrenta" intolerable para las prerrogativas del capital. Por más de medio siglo han defendido esa sociedad fundada sobre cimientos nuevos, manteniendo a raya a la potencia imperialista más fuerte que jamás ha de acechar el mundo. Los trabajadores y campesinos cubanos y su gobierno se han convertido así en un faro y un aliado para los que en todo el mundo buscan aprender a luchar para transformar su vida: y a luchar para *vencer*.

Entre las muchas responsabilidades asumidas por Choy, Chui y Sío Wong a lo largo de los años, tanto en las Fuerzas Armadas Revolucionarias como en tareas estatales y en la dirección del Partido Comunista de Cuba, se destaca su participación en las misiones internacionalistas cubanas en otros países.

"Porque nuestro sistema es socialista en su carácter y compromiso", explica Choy, los revolucionarios en Cuba siempre han procurado actuar "en función de los intereses de la mayoría de la humanidad que habita la Tierra, y no de mezquinos intereses individuales o simplemente de los intereses nacionales de Cuba".

Los tres cumplieron misión en Angola en distintos momentos entre 1975 y 1988, cuando Cuba respondió a la petición del gobierno angolano —que recién lograba su independencia de

Portugal— para ayudar a derrotar la invasión lanzada por las fuerzas armadas del régimen sudafricano del apartheid con apoyo imperialista.

Chui ayudó a establecer misiones cubanas de asistencia militar en Nicaragua, Etiopía y Mozambique. Choy fue embajador en Cabo Verde de 1986 a 1992. Sío Wong en 2003 ayudó a los trabajadores y campesinos de Venezuela en sus esfuerzos por establecer y ampliar la agricultura urbana en pequeña escala. De 1992 a 2010 él fue presidente de la Asociación de Amistad Cuba-China.

Aún queda por contar la historia completa de la misión internacionalista cubana en Angola, que duró 16 años. Pero las experiencias y valoraciones de primera mano que ofrecen estos tres generales nos aportan una visión de ese período importante en la historia de Cuba y de África austral que no se encuentra fácilmente en otras partes. Aquí se presenta de manera impactante la importancia para África y el mundo del triunfo en marzo de 1988 de las fuerzas cubanas, angolanas y namibias sobre el ejército del apartheid sudafricano en la batalla conocida como Cuito Cuanavale.

■

Nuestra historia aún se está escribiendo —el título viene de Chui— capta la perspectiva revolucionaria y la continua intensidad de trabajo de los tres protagonistas del libro. En la sección final, "El Período Especial y más allá", cada uno de ellos mira hacia el futuro.

Choy habla como jefe del masivo proyecto multifacético y multianual para sanear la Bahía de La Habana y transformar la infraestructura del histórico puerto de La Habana.

Sío Wong describe las responsabilidades que asumió en 1986 y mantuvo por más de dos décadas como presidente del

Instituto Nacional de Reservas Estatales. Es una institución vital no solo para la defensa militar de la revolución, sino para la capacidad del gobierno cubano de responder —en marcado contraste, a todos los niveles, con el gobierno capitalista de Estados Unidos— a las necesidades de la población en momentos de desastres naturales como los huracanes que frecuentemente azotan la isla con una devastadora ferocidad.

Chui explica las responsabilidades de la Asociación de Combatientes de la Revolución Cubana, de la cual él fue uno de los dirigentes fundadores. Esa organización aglutina a unos 300 mil cubanos que tienen décadas de experiencia como columna vertebral de la revolución: desde cuadros del Ejército Rebelde y de la lucha clandestina contra la tiranía de Batista, hasta jóvenes médicos y maestros que completan misiones internacionalistas por todo el mundo. La asociación es responsable de un programa de educación política que llega a todas las escuelas y barrios del país.

Según dejan claro los tres generales, el futuro no será escrito *para* el pueblo trabajador de Cuba, sino *por* el pueblo trabajador.

■

Nuestra historia aún se está escribiendo, editado simultáneamente en español e inglés, fue tomando forma en el transcurso de casi cuatro años. Es producto de una serie de entrevistas, algunas colectivas y otras individuales, realizadas en 2002 y 2004, y completadas en 2005.

Arrin Hawkins, Martín Koppel, Luis Madrid y Michael Taber participaron conmigo en una o más de las entrevistas que nos brindaron este libro. Su producción —desde la transcripción hasta la traducción inicial, la composición, la corrección, la preparación de los archivos digitales y la distribución— ha sido obra de más de 200 voluntarios en diversos países que trabajan colectivamente, organizados por el Proyecto de Impresión de Pathfinder.

Corresponde una nota especial de agradecimiento a la Biblioteca Nacional José Martí en La Habana, cuyos archivos tienen una valiosa colección de materiales sobre la inmigración china a Cuba. La ayuda del personal de la biblioteca fue indispensable para localizar y reproducir varios de los gráficos que dan vida a estas páginas.

Otras fotos y gráficos históricos fueron obtenidos con la ayuda de Delfín Xiqués de *Granma,* Manuel Martínez de *Bohemia,* Milton Chee de San Francisco, California, y gracias a las propias gestiones de los generales Choy, Chui y Sío Wong.

Iraida Aguirrechu de la Editora Política, casa editora del Partido Comunista de Cuba, participó en cada etapa de las entrevistas. Sin su perseverancia, diligencia, preocupación por la exactitud y la atención a los detalles, este libro no habría visto la luz del día.

Por último, y sobre todo, agradecemos a los generales Armando Choy, Gustavo Chui y Moisés Sío Wong por las innumerables horas que cada uno dedicó al trabajo necesario para la realización de este libro.

Estamos seguros de que lo recibirán agradecidos aquellos a quienes se dedica: las nuevas generaciones de combativos "hombres y mujeres surgidos de la nada" que hoy emergen en todo el mundo, para quienes el ejemplo de la revolución socialista cubana muestra el camino.

Noviembre de 2005

Cuba
MAYABEQUE
LA HABANA
Matanzas
VILLA CLARA
Guanajay
Artemisa
San José
de las Lajas
Sagua
La Grande
PINAR DEL RÍO
MATANZAS
ARTEMISA
Santa
Clara
Pinar del Río
BAHÍA DE COCHINOS
Cienfuegos
Fomento
Sancti
Nueva Gerona
Playa Girón
ESCAMBRAY
CIENFUEGOS
SANCTI SPÍRITUS
ISLA DE LA JUVENTUD
N
O
E
S
0
50
100
160 kilómetros
0
50
100 millas

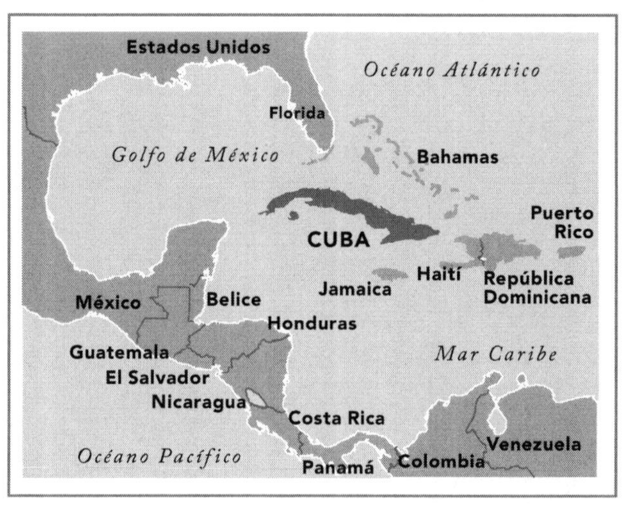
Estados Unidos
Océano Atlántico
Florida
Golfo de México
Bahamas
Puerto
Rico
CUBA
Haití
Jamaica
República
Dominicana
México
Belice
Honduras
Guatemala
Mar Caribe
El Salvador
Nicaragua
Costa Rica
Océano Pacífico
Venezuela
Colombia
Panamá

Sociedades chinas en Cuba, 1874–1959

Basado en mapa de la Fundación Fernando Ortiz

Martín Koppel/Militant

Cortesía de Armando Choy

Cortesía de Armando Choy

Arriba izquierda: Armando Choy durante entrevista, febrero de 2004.

Arriba derecha: Como embajador en Cabo Verde, 1991.

Abajo: Como miembro de uno de los tribunales revolucionarios que juzgaron a cientos de asesinos y torturadores del régimen de Batista en los primeros meses después del triunfo de la revolución. Al lado de Choy están el capitán Miguel Duque Estrada y el comandante Víctor Bordón (derecha).

Armando Choy

NACIDO EN 1934 EN FOMENTO, en la provincia de Las Villas, Armando Choy Rodríguez se mudó a Santa Clara con su familia a los 14 años.

Tras el golpe militar de Fulgencio Batista en 1952, se incorporó a la organización antibatistiana Joven Patria. Fue uno de los miembros fundadores del Movimiento 26 de Julio en 1955. A comienzos de 1958 pasó a ser dirigente provincial del Frente Estudiantil de la organización en Las Villas y jefe de dos agrupaciones de Acción y Sabotaje. Estuvo al frente de un grupo armado que participó en la huelga general nacional del 9 de abril de 1958. Por sus acciones revolucionarias estuvo preso cinco veces.

En mayo de 1958 se integró a una unidad guerrillera del Movimiento 26 de Julio en la sierra del Escambray dirigida por el comandante Víctor Bordón. Cuando la Columna 8 del Ejército Rebelde, al mando del comandante Ernesto Che Guevara, llegó al Escambray en octubre, la unidad de Bordón se le incorporó. El 26 de diciembre, Guevara ascendió a Choy a capitán, el segundo grado más alto en el Ejército Rebelde. Choy participó en los combates de Mordazo, Manacas y Santo Domingo, entre otros, que culminaron con la victoriosa batalla por Santa Clara, entonces la tercera ciudad de Cuba.

Después de la caída de la dictadura el 1 de enero de 1959,

Choy participó en los tribunales revolucionarios que juzgaron a los criminales de guerra del régimen batistiano. A mediados de 1959, cuando se organizaron tres comandos territoriales del Ejército Rebelde —en el oriente, centro y occidente— Choy fue designado segundo jefe del Regimiento de Infantería de la Fuerza Táctica Central. En 1960 encabezó las Milicias Nacionales Revolucionarias en Las Villas, donde ayudó a organizar la lucha contra las bandas contrarrevolucionarias.

A principios de 1961 Choy ocupó el cargo de pagador del nuevo Ejército Central. En abril de ese año, durante la invasión mercenaria apoyada por Washington en la Bahía de Cochinos, que fue derrotada en 72 horas en Playa Girón, él fue jefe del Batallón de Infantería No. 345, de la actual provincia de Sancti Spíritus, una de las unidades que entraron en combate.

Ese mismo año asumió la responsabilidad de organizar y comandar la división de infantería de Sancti Spíritus y después la de Trinidad. Ambas participaron en la campaña contra las bandas contrarrevolucionarias en el Escambray.

Ascendido a comandante en diciembre de 1962, Choy fue transferido a la Defensa Antiaérea y Fuerza Aérea Revolucionaria (DAAFAR) en abril de 1963, y fue jefe de la Brigada Coheteril Antiaérea de Occidente. En 1973 fue nombrado jefe de las tropas coheteriles antiaéreas y sustituto del jefe coheteril de la DAAFAR. Fue ascendido a general de brigada en noviembre de 1976 y posteriormente a primer sustituto del jefe de la DAAFAR.

Choy participó en la misión internacionalista en Angola de 1980 a 1982. A su regreso ocupó cargos de dirección en la DAAFAR hasta diciembre de 1986, cuando fue nombrado embajador en la República de Cabo Verde, responsabilidad que desempeñó hasta 1992.

Desde 1992 hasta que se jubiló en 2015, presidió el Grupo de Trabajo Estatal para el Saneamiento, Conservación, Desarrollo y Mantenimiento de la Bahía de La Habana y su Cuenca Hidrográfica. Organizó la administración del Puerto de La Habana y ahí fue delegado del ministro del transporte.

Choy se retiró del servicio activo en las FAR en 1992. Es miembro fundador del Partido Comunista de Cuba y de la Asociación de Combatientes de la Revolución Cubana.

Cortesía de Gustavo Chui

Martín Koppel/Militant

Cortesía de Gustavo Chui

Arriba izquierda: El general Gustavo Chui se dirige a tropas en Angola, diciembre de 1987.

Arriba derecha: Durante entrevista, febrero de 2002.

Abajo: Chui (izq.) con Fidel Castro, con motivo del ascenso de Chui a general de brigada, 1980. Entres ellos están el general de división Francisco Cabrera y el general de brigada Línder Calzadilla.

Gustavo Chui

NACIDO EN 1938 EN SANTIAGO DE CUBA, Gustavo Chui Beltrán se integró al movimiento revolucionario a los 16 años. Participó en la clandestinidad urbana del Movimiento 26 de Julio en Santiago durante la primera etapa de la guerra revolucionaria.

En la primavera de 1958 se incorporó al Ejército Rebelde en la Sierra Maestra, formando parte del Tercer Frente bajo el mando de Juan Almeida. Participó en diversas batallas como combatiente de la Columna 3, comandada por Guillermo García. Tras la victoria revolucionaria del 1 de enero de 1959, participó en la Caravana de la Libertad desde Santiago de Cuba hasta La Habana.

El 9 de enero de 1959 fue designado al campamento militar de Managua en La Habana, bajo el mando de Almeida, en un batallón de infantería y después en una compañía de tanques. En julio de 1959 fue enviado a Bélgica para estudiar armamento de infantería. A su regreso en septiembre de 1960, fue técnico en el Departamento de Materiales de Guerra en el campamento de Managua. Luego fue jefe de armamento de la Fuerza Aérea Revolucionaria.

En abril de 1961 Chui fue designado jefe de armamento en la provincia de Pinar del Río, bajo el mando de Ernesto Che Guevara. Allí estuvo encargado de armar a las unidades de las Milicias Nacionales Revolucionarias y del ejército que combatieron a los bandidos contrarrevolucionarios y pelearon en Playa Girón.

Al año siguiente pasó a ser jefe de armamento del Ejército Occidental. En 1965 fue segundo jefe de la Subdirección de Armamento de las Fuerzas Armadas Revolucionarias. En 1968 fue jefe de la Dirección de Armamento de las FAR.

En 1972 fue nombrado segundo jefe de la Décima Dirección de las FAR, la unidad responsable de las misiones militares internacionalistas de Cuba. En diciembre de 1975, tras la caída en combate del comandante Raúl Díaz Argüelles en Angola, Chui ocupó su lugar en la jefatura de la Décima Dirección. Simultáneamente fue jefe del Puesto de Mando Especial de las FAR, asistiendo al comandante en jefe Fidel Castro y al ministro de las FAR Raúl Castro en la conducción de la misión internacionalista cubana en Angola.

En 1977 Chui fue segundo jefe de la comisión que organizó la misión militar cubana para ayudar al gobierno de Etiopía. También ayudó a crear las misiones militares cubanas en Mozambique y Nicaragua.

Fue ascendido a general de brigada en diciembre de 1980. En 1981 fue nombrado jefe de la Dirección de Cuadros de las FAR, responsable de la ubicación y supervisión de los oficiales de las fuerzas armadas. De 1983 a 1986 fue sustituto del jefe del estado mayor general de las FAR.

En 1986 fue enviado a Angola como sustituto del jefe del estado mayor de la misión militar. En noviembre de 1987 fue designado jefe de la Operación XXXI Aniversario del Desembarco del Granma, cuya misión fue constituir un refuerzo para la batalla de Cuito Cuanavale.

En diciembre de 1987 fue nombrado jefe de la 90 Brigada de Tanques en Malanje. En marzo de 1988, al encabezar un operativo de esa brigada en el norte de Angola, fue herido de gravedad y perdió una pierna cuando su vehículo detonó una mina antitanque.

En 1990 se integró a la Asociación de Combatientes de la Revolución Cubana cuando esta se organizó a nivel experimental en Pinar del Río. Desde 1993, cuando se fundó la asociación como organización nacional, hasta 2011, fue jefe de la secretaría de finanzas y aseguramiento de su Dirección Nacional. En 1998 se retiró del servicio militar activo.

Chui es miembro fundador del Partido Comunista de Cuba. Desde 2008 es presidente de la Federación del Casino Chung Wah, que aglutina todas las sociedades chinas en el país.

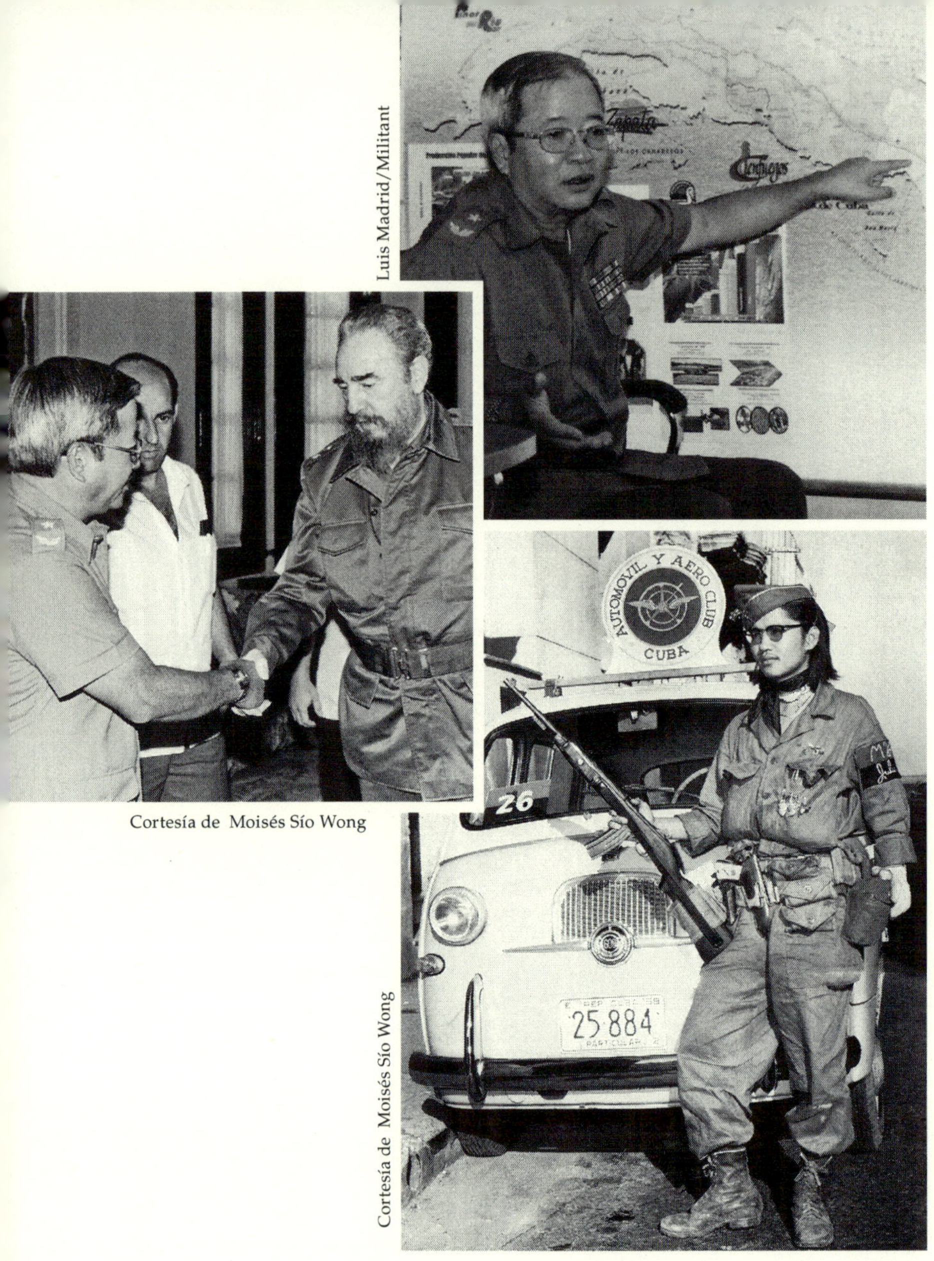

Luis Madrid/Militant

Cortesía de Moisés Sío Wong

Cortesía de Moisés Sío Wong

Arriba: Moisés Sío Wong durante entrevista, agosto de 2005.

Centro: Saludando a Fidel Castro durante almuerzo en embajada en La Habana de la República Popular China, marzo de 1996.

Abajo: Como miembro de la Columna 8 del Ejército Rebelde, enero de 1959.

Moisés Sío Wong

NACIDO EN 1938 EN LA PROVINCIA de Matanzas, Moisés Sío Wong se trasladó con su familia a La Habana en 1947. Siendo estudiante de bachillerato se sumó a la lucha contra la dictadura de Batista, donde participó en manifestaciones y otras protestas. Se incorporó al Movimiento 26 de Julio poco después de su fundación en 1955. Bajo el mando de Gerardo Abreu (Fontán), dirigió su primera Brigada Juvenil en La Habana.

En 1957 se unió al Ejército Rebelde en la Sierra Maestra, formando parte del pelotón de la comandancia de la Columna 1 encabezada por Fidel Castro. Participó en los combates que derrotaron la ofensiva del ejército batistiano en 1958. En agosto fue asignado a la Columna 8 dirigida por Ernesto Che Guevara, y participó en el avance de la columna desde la Sierra Maestra hasta la provincia de Las Villas.

Tras la victoria revolucionaria del 1 de enero de 1959, Sío Wong fue ascendido a primer teniente y fue uno de los fundadores de la policía militar del Ejército Rebelde.

Durante la invasión por Playa Girón organizada por Washington en abril de 1961, fue jefe de la Séptima División de Infantería, en Pinar del Río, al mando de Guevara. Fundador del Ejército Occidental como primer Oficial de Operaciones, luego pasó a la Defensa Antiaérea y Fuerza Aérea Revolucionaria (DAAFAR), donde ocupó, entre otros cargos, el de jefe de la División del Centro. En 1965 fue nombrado ayudante de Raúl Castro, ministro de las Fuerzas Armadas Revolucionarias, responsabilidad que desempeñó por siete años.

En 1976 Sío Wong participó en la misión militar internacionalista cubana en Angola como jefe de logística. En noviembre de ese año fue ascendido a general de brigada. De 1982 a 1985 fue jefe de la Dirección de Cuadros de las FAR, encargada de la ubicación y supervisión de los oficiales de las fuerzas armadas.

En 1986 fue designado presidente del Instituto Nacional de Reservas Estatales (INRE), responsabilidad que mantuvo hasta 2010.

Miembro fundador del Partido Comunista de Cuba, Sío Wong fue también presidente de la Asociación de Amistad Cuba-China de 1992 a 2010.

Como miembro de la Asamblea Nacional del Poder Popular y de su Comisión de Relaciones Internacionales, fue presidente del Grupo Parlamentario de Amistad con China. Desde comienzos de los años 90 fue impulsor del programa de agricultura urbana que se ha extendido por toda Cuba. En 2003 ayudó a iniciar un programa similar en Venezuela.

Sío Wong fue miembro fundador de la Asociación de Combatientes de la Revolución Cubana. Se retiró del servicio activo en 1998 y fue reactivado en 2005. Falleció en 2010.

PRIMERA PARTE

‘La diferencia es una revolución socialista’

Los chinos en Cuba

Bohemia

Miembros de la Alianza Nueva Democracia China participan en un acto de un millón de personas en La Habana, 2 de septiembre de 1960. Esta Asamblea General del Pueblo Cubano, convocada en respuesta a los intentos de Washington de alinear a los gobiernos de América Latina contra Cuba, aprobó una réplica a Washington conocida como la Primera Declaración de La Habana.

El 28 de septiembre de 1960, Cuba fue el primer país latinoamericano en reconocer a la República Popular China, desafiando los esfuerzos de Washington de aislar a Beijing.

Tres revolucionarios

MARY-ALICE WATERS: Ustedes tres forman parte de la generación de jóvenes en Cuba cuyas batallas tumbaron a la dictadura batistiana respaldada por Washington a fines de los años 50 e instauraron el primer gobierno en las Américas que lucha por promover los intereses de las clases trabajadoras. Ustedes mismos se vieron transformados por la guerra revolucionaria y por la lucha para consolidar y defender el "primer territorio libre de América".

¿Cómo llegaron a ser cuadros de la revolución? ¿Cómo fue para cada uno de ustedes crecer en la Cuba prerrevolucionaria? ¿Qué tipo de discriminación enfrentaron por ser de ascendencia china? ¿Por qué se integraron al movimiento revolucionario?

ARMANDO CHOY

ARMANDO CHOY RODRÍGUEZ: Yo nací en 1934 en el pueblo de Fomento, en lo que era entonces la provincia de Las Villas. Éramos cuatro: tres hembras y un varón.

Fomento era una zona muy rica en recursos agrícolas y minerales, quizás la más rica de Cuba. Allí había dos centrales azucareros. Era una gran zona tabacalera y cafetalera, y todavía lo es. Mucho ganado también, reses que llevaban a las ciudades para el matadero. Había incluso minas de cobre.

Allí había una comunidad china grande; algunos eran muy fuertes económicamente. Varios de los grandes comercios eran de chinos. Por ejemplo, un padrino mío, junto con un socio chino, era dueño del estadio de béisbol en Fomento. Él también era dueño de tiendas y de casas. Después de 1959 las propiedades de mi padrino fueron afectadas por las medidas sociales de la revolución y se fue para Estados Unidos.

Mi padre nació en China, y creo que llegó a Cuba allá por 1918. Lo trajo un tío que tenía un comercio en el pueblo de Palos, en la provincia de La Habana, y tenía mucho dinero.

Mi padre es un caso raro. Vino a Cuba, regresó a China y volvió otra vez. Entre los chinos que emigraban a Cuba eso era muy poco común. Es evidente que no lo podría haber hecho si su tío no hubiese tenido dinero.

En nuestra casa, cuando crecí, solo hablábamos español. Mi padre decía que no se aprendía a hablar chino si no se estudiaba en la escuela.

Mi madre no era china, era cubana, muy trabajadora. Era fanática de Eduardo Chibás, el líder del Partido Ortodoxo. Y mi padre también era su admirador. Todos los domingos a las ocho de la noche se ponía a escuchar el programa semanal de Chibás, que empezó a transmitirse desde finales de los años 40.

Para darles un ejemplo de cómo pensaba mi madre, cuando le dije que me iba a alzar, a incorporarme a la lucha armada en la sierra para pelear contra la dictadura de Batista, solo me dijo, "Cuídate". No me dijo que no fuera, sino, "Cuídate".

Cuando tenía 14 años, en 1948, mis padres se mudaron a Santa Clara, la capital de la provincia de Las Villas. En esa época las actuales provincias de Sancti Spíritus, Cienfuegos y Villa Clara eran una sola provincia. En aquel entonces en

Cortesía de Armando Choy

Armando Choy (izq.) trabaja en la bodega de su padre en Santa Clara, 1952 o 1953.

Choy recuerda un incidente de esa época cuando un hombre entró a la tienda llorando. “Quería que yo le fiara una libra de harina de maíz, que era lo único que almorzaría ese día su familia. Y se la di”.

“Ese no te la va a pagar”, me dijo mi padre.

“No importa”, le contesté.

“¿Saben cuánto valía entonces una libra de harina? Siete centavos. ¡Pero él no tenía ni los siete centavos!”

Esa fue una de las muchas experiencias que “me convencieron de lo injusto de aquella sociedad en Cuba antes del triunfo de la revolución”.

Fomento solamente se podía ir hasta el sexto grado. Después nos mudamos a Santa Clara para que pudiera continuar mis estudios.

MARTÍN KOPPEL: ¿Qué hacía su familia?

CHOY: Mi padre era comerciante. Tenía su negocio, una bodega. Después fue viajante, es decir, representaba distintas casas importadoras. Después, cuando nos mudamos a Santa Clara, tenía un mini-mercado.

Durante cinco años yo trabajaba en la bodega de día y de noche estudiaba contabilidad en la escuela de comercio. ¡Contabilidad! No tenía la vocación. Hubiera querido estudiar historia. Pero mi padre, que pensaba en el negocio, dijo que no.

Tengo un recuerdo de algo que ocurrió cuando estaba trabajando en la bodega de mi padre. Un día, cerca del mediodía, entró un hombre al negocio. Yo lo conocía porque él siempre pasaba por ahí. Esa vez, el hombre llegó llorando. No era fingido. Quería que yo le fiara una libra de harina de maíz, que era lo único que almorzarían ese día él, la mujer y sus dos muchachos. Quería que yo le fiara una libra de harina. Y se la di.

Mi padre me dijo, "Ese no te la va a pagar".

"No importa", le contesté.

¿Saben cuánto valía entonces una libra de harina? Siete centavos. ¡Pero es que él no tenía ni los siete centavos!

Recuerdo otro incidente de cuando era joven que me causó cierto impacto.

En una ocasión fui a Fomento, no me acuerdo si fue de vacaciones. Un amigo mío vivía allí. Era hijo de un chino de buena posición económica y de madre cubana blanca. Su novia era hija de españoles.

Una noche había fiesta en el pueblo. Recuerdo que llegamos cerca de la colonia española —en todos los pueblos había una colonia española— y dijo: "Vamos al baile". Yo decidí no ir porque realmente nunca me gustó el baile.

Cuando mi amigo y esa muchacha llegaron al baile, no los dejaron entrar porque él era chino. ¡Era solo para blancos!

Ese acto discriminatorio me convenció de lo injusto de aquella sociedad existente en Cuba antes del triunfo de la revolución.

Se suma a la lucha revolucionaria

WATERS: ¿Cuándo se incorporó a la lucha revolucionaria?

CHOY: Yo comencé en Santa Clara, como estudiante. Desde el mismo día del golpe de estado de Batista, el 10 de marzo de 1952.

Me opuse al golpe y me uní a una organización antibatistiana. Esto fue antes del asalto al Moncada.[1] En Santa Clara había dos grupos revolucionarios. Uno se llamaba Acción Cívica Constitucional, dirigido por Osvaldo Herrera. El otro se llamaba Joven Patria, dirigido por Benigno Piñeiro, quien más tarde fue traidor. Yo estaba en Joven Patria.

Yo siempre digo que soy fidelista desde el 26 de julio de 1953. Porque ese día, cuando la radio anunció que el doctor Fidel Castro era el jefe del asalto al Moncada, dije, "Ese es el hombre que necesitamos los cubanos para luchar contra la dictadura".

Durante el verano de 1955, Frank País —que para entonces era dirigente nacional del Movimiento 26 de Julio en Santiago— fue a Santa Clara a establecer allí la organización. Yo no lo conocí. Se organizó entonces el Movimiento 26 de Julio

1. Sobre el asalto al cuartel Moncada y otros sucesos y personajes históricos que se mencionan en la entrevista, ver el glosario que empieza en la página 193.

en la ciudad y la mayoría de los jóvenes nos incorporamos. A nivel local la organización la dirigía Quintín Pino Machado. Fue un gran dirigente y después fue oficial político con nosotros en las Fuerzas Armadas Revolucionarias.

Yo fui dirigente estudiantil y ayudé a organizar acción y sabotaje. Estuve en las luchas estudiantiles y participé en manifestaciones, huelgas y otras acciones. Estuve preso varias veces.

ARRIN HAWKINS: ¿Por qué?

CHOY: A partir de mi ingreso en el Movimiento 26 de Julio, me orienté más y más hacia las actividades, desde las más sencillas, como pintar consignas contra la dictadura de Batista y participar en manifestaciones estudiantiles. Al principio esas manifestaciones eran más o menos pacíficas. Pero más tarde solían terminar en choques con el SIM —el Servicio de Inteligencia Militar del ejército— y la policía. También participamos en sabotajes usando cócteles molotov y granadas brasileñas, que nunca lográbamos que explotaran.

Por esta participación en actividades revolucionarias, me tuvieron preso en seis ocasiones. Fui juzgado dos veces ante los Tribunales de Urgencia,[2] saliendo absuelto.

A principios de 1958 me nombraron responsable provincial del Frente Estudiantil del Movimiento 26 de Julio en Las Villas. Eso fue lo que hice antes del 9 de abril, además de ser jefe de dos grupos de acción y sabotaje.

WATERS: El 9 de abril de 1958 fue cuando el Movimiento 26 de Julio convocó a una huelga general nacional contra la dictadura.[3]

2. Ver glosario, Tribunales de Urgencia.

3. Ver glosario, Huelga general del 9 de abril. Para leer relatos sobre los sucesos del 9 de abril escritos por dirigentes de la clandestinidad urbana del Movimiento 26 de Julio, ver Armando Hart, *Aldabonazo: En la clandestinidad revolucionaria cubana, 1952–58* (Pathfinder, 2004). La reorganización del Movimiento 26 de Julio tras los sucesos del 9 de abril se describe en el capítulo "Una reunión decisiva"

Fracasó totalmente. ¿Qué sucedió ese día en Santa Clara? ¿Qué hizo usted?

CHOY: Esa mañana estábamos acuartelados varios grupos de jóvenes trabajadores y estudiantes, esperando recibir las armas para salir a las calles a la señal convenida —el toque de las campanas de la iglesia de La Pastora a las 11 horas— en apoyo a la huelga. Realmente solo un grupo recibió fusiles, el del barrio del Condado. Otro grupo, el de estudiantes de la escuela de comercio, que comandábamos nosotros, recibió cuatro pistolas.

Nuestros compañeros debían tocar la campana de la iglesia, pero no lo hicieron. Entonces el grupo del Condado y el nuestro —que estaba en el barrio de La Pastora— salimos a la calle de todas maneras. Los compañeros del Condado se enfrentaron valientemente a las fuerzas del ejército y de la policía de la dictadura. Cayeron varios aguerridos luchadores clandestinos: Antonio Aúcar Jiménez, David Díaz Guadarrama y Héctor Martínez Valladares. Luego, otro de estos valientes, Eduardo "Bayoya" García, fue capturado y asesinado por los sicarios de la dictadura.

Como no recibimos la señal, lo único que logró nuestro grupo de combatientes de la escuela de comercio fue desarmar a un policía.

Tuvimos suerte que nuestros compañeros no tocaron la campana. Si hubiéramos salido a impedir el movimiento del ejército y la policía —con cinco armas cortas: cuatro pistolas y el revólver que le habíamos quitado al policía— de seguro hubiéramos muerto, porque había mucha desventaja de armamento. Pero yo estaba joven y no me ponía a pensar mucho en esas cosas.

A partir de esa fecha mi vida y mi trabajo pasaron a ser clandestino totalmente.

---

en Ernesto Che Guevara, *Pasajes de la guerra revolucionaria. Cuba, 1956–1959* (La Habana: Editora Política, 2005).

A fines de abril el movimiento me trasladó para la ciudad de Cienfuegos. Estando aún escondido en Santa Clara, me dijeron que Aleida March —una destacada luchadora que se alzó en las montañas y más tarde se casó con el Che— iría a verme tal día. En aquel momento éramos compañeros de la lucha clandestina. Entonces llegó y me dijo, "Choy, mañana vienen a buscarte". Creo que era Morejón, un chofer que trabajaba cerca de mi casa y pertenecía al Movimiento 26 de Julio.

En el auto de Morejón venían dos de Sagua la Grande. Uno era Víctor Dreke. El otro era un tal Garrido, a quien le habían matado un hermano en Sagua. Este Garrido no sirvió —era un cobarde y medio— y después fue traidor. Dreke, como sabemos, sí fue un buen combatiente y compañero.[4]

En Cienfuegos nos ingresaron a una clínica como enfermos. Recuerdo que un enfermero revolucionario que se llamaba Víctor me puso Armando Pi.

Le dije, "¿Cómo me van a poner ese apellido de español? Pónganme un apellido chino. Si no, me van a descubrir".

Y me dice Víctor, "Si te descubren, de todas formas te van a matar, así que vamos a dejarte el que tienes puesto".

De Cienfuegos subí a las montañas.

Toma las armas

KOPPEL: ¿Qué pasó después de su llegada?

CHOY: Recién se había abierto un frente del Movimiento 26 de Julio en la sierra del Escambray al mando del comandante Víctor Bordón. Me incorporé a esa guerrilla el 9 de mayo de 1958. Fui el número 19 de la tropa. Ingresé al frente como simple combatiente y en agosto Bordón me ascendió a teniente.

4. Dreke ofrece su recuento de este episodio y mucho más en *De la sierra del Escambray al Congo: En la vorágine de la Revolución Cubana* (Pathfinder, 2002).

Esa columna guerrillera es un capítulo poco conocido del Movimiento 26 de Julio en Las Villas. Tuvimos seis combates antes de integrarnos a la columna del comandante Che Guevara en octubre de 1958. Incluso el primer fusil automático San Cristóbal lo tomamos durante una emboscada en la zona de Mandulo, en la actual provincia de Cienfuegos.

Allí tuvimos fuertes roces con otra organización, el Segundo Frente Nacional del Escambray, que traicionó al Directorio Revolucionario y se separó de él. La masa de sus soldados eran buenos. Pero sus principales oficiales eran bandidos y después de 1959 fueron contrarrevolucionarios. Esa es la realidad, como lo han comprobado los hechos. Ellos terminaron con las fuerzas del imperialismo.

En octubre de 1958 recibimos la orden de marchar hacia el este por la sierra para unirnos al Che, que acababa de llegar con su columna desde la Sierra Maestra, en lo que había sido una marcha muy dura.[5] Nosotros hicimos una marcha de unos dos días. Tuvimos que hacerla con mucho cuidado pues pensábamos que íbamos a tener un enfrentamiento con el Segundo Frente del Escambray. Pero no hubo tal enfrentamiento, por suerte. Habría sido doloroso que hubieran muertos en un conflicto entre las mismas filas de los combatientes revolucionarios. Yo fui nombrado segundo jefe de la vanguardia nuestra, en la que habíamos 65 combatientes con

5. Un relato sobre la marcha de las columnas del Ejército Rebelde dirigidas por Che Guevara y Camilo Cienfuegos desde la Sierra Maestra en oriente hacia Las Villas en el centro de la isla en septiembre y octubre de 1958 —lo que en Cuba se conoce como la invasión— aparece en Guevara, *Pasajes de la guerra revolucionaria,* en el capítulo "La ofensiva final. La batalla de Santa Clara" y en "Apéndices". Ver también Luis Alfonso Zayas, *Soldado de la revolución: De los cañaverales de Oriente a general de las Fuerzas Armadas Revolucionarias* (Pathfinder, 2011).

el capitán Cente, Edelberto González, al frente.

Cuando llegamos a una zona llamada Las Piñas, el Che nos habló. Allí empezamos las operaciones conjuntas.

En diciembre el Che me ascendió a capitán y me entregó un pelotón armado de 26 nuevos combatientes. En la columna del Che participamos en varios combates que contribuyeron a la liberación de la provincia de Las Villas por el Ejército Rebelde. Esa ofensiva culminó con la batalla de Santa Clara, que terminó el 1 de enero de 1959 cuando huyó Batista.

Después nos dieron la orden de marchar hacia La Habana con la columna de Bordón, reforzando la Columna 2 al mando de Camilo Cienfuegos. El 2 de enero llegamos a Matanzas y allí participamos en la rendición del regimiento del ejército. Ese mismo día llegamos a La Habana y participamos también en la rendición del Campamento de Columbia, el principal campamento militar del viejo ejército. Al día siguiente me reincorporé a la columna del Che.

WATERS: ¿Tuvo impacto en su concientización revolucionaria el hecho de ser de ascendencia china?

CHOY: No, realmente no. Está claro que por ser hijo de chinos eso creó un afecto especial hacia China. Y admiro muchísimo ese país y a su heroico y abnegado pueblo. Pero yo entré al movimiento como cubano. Pensaba como cubano y pienso como cubano, no como si fuera de China.

Yo era coordinador del Frente Estudiantil del 26 de Julio en Las Villas. Y los cubanos dirigentes de los otros centros de segunda enseñanza me aceptaban como un cubano más. En el movimiento no había ningún tipo de discriminación.

GUSTAVO CHUI

WATERS: General Chui, usted creció en Santiago de Cuba. ¿Fue parecida la historia de su familia a la de Choy?

GUSTAVO CHUI BELTRÁN: No, fue muy distinta. En Santiago había un barrio chino, con un buen número de chinos y sus descendientes, aunque era más pequeño que el de La Habana.

Mi papá, José Chui, se juntó con mi mamá, Ana Hilda Beltrán, que era una negra cubana pobre. Al nacer yo, hubo un conflicto entre ellos, esencialmente porque los coterráneos más cercanos de mi padre se oponían al matrimonio por los prejuicios raciales de la época, especialmente su principal socio en el negocio, con quien tenía una bodega. Mi padre y su socio decidieron pleitear mi partida de nacimiento. Yo nací en 1938, y ellos me pusieron que había nacido dos años antes para poderle quitar la patria potestad a mi madre. Eso lo hicieron pagando a un abogado. Mi madre, una negra pobre, no tenía recursos económicos para impedirlo. Mediante este proceder quedé al cuidado de mi padre. Todo esto lo supe siendo ya mayor y después de la muerte de mi madre.

En esta etapa vivíamos en la propia bodega, conviviendo con los chinos que allí trabajaban. Yo fundamentalmente permanecía en el traspatio de la casa, sin salir ni lidiar con otros niños. Por eso yo hablaba solo cantonés y no español. Uno de los motivos de estas medidas era mantenerme alejado de mi madre.

Todo esto transcurrió en el barrio Los Olmos en Santiago de Cuba, cuya avenida principal se llamaba General Wood, ahora René Ramos Latour. Nuestra casa estaba frente a la fábrica de alpargatas Rubio, que hoy es una hilandería.

Cuando tenía alrededor de cinco años me permitieron por primera vez salir a la calle y jugar con otros niños de mi edad. Pero los otros muchachos no me entendían, ni yo a ellos. Me hablaban en español y yo respondía en chino. Todos se reían de mí. Entonces busqué la manera de aprender español y así olvidé el chino. Incluso cuando mi padre me hablaba en chino, yo le contestaba en español.

En el entorno chino mi nombre era Conchán. Así me llamaban los niños también. Por ese nombre me conoce aún la mayoría de mis familiares y amistades en Santiago de Cuba.

Mi padre no tuvo más hijos en Cuba. Sé que antes de venir había tenido algunos hijos en China, pero no sé nada de ellos. No así mi mamá, que tuvo otro hijo, mi hermano, Jorge Luis, que vive en Santiago de Cuba.

El socio principal de mi padre, Arsenio Hung, sí tuvo una numerosa familia, y a mí me contaban como su hijo mayor, pues en determinado momento de mi vida ayudé a criar a sus hijos. También por motivos de cambios de trabajo de mi padre, viví temporalmente con otras familias chinas, socios también de mi padre. En mi etapa infantil tuve tres madres de crianza, por lo que tengo una buena cantidad de hermanos por esa vía.

Mi padre se dedicaba al comercio, como la mayoría de los chinos en Santiago. Los negocios más comunes eran tiendas, cafeterías, panaderías, lavanderías, bares y puestos de hortalizas.

Mi padre y su socio Arsenio tuvieron una bodega que quebró. Más tarde compraron una panadería en la Sierra Maestra, en un lugar conocido como San José de Aserradero, que también fracasó.

Mi padre y yo tuvimos que emigrar a La Habana, esta vez por reclamo de mi primo Rafael Wong, que tenía una dulcería en la calle Manrique, donde hoy hay un círculo infantil. Después vendió la dulcería y compró un bar en la calle San Rafael. Luego vendió el bar y compró la cafetería Chan Li Po en la calle Virtudes. En esta familia estuve bajo la crianza de Barbarita, por espacio de dos años.

En La Habana estudié en la escuela Sara Madera y más

tarde en la Campos, ambas en el reparto Lawton, donde residía la familia del primo de mi papá.

WATERS: ¿Mantuvo contacto con su mamá cuando estaba creciendo?

CHUI: Supe después que ella me observaba de lejos, por miedo a encontrarse con mi parentela china, que la amenazaba para que no tuviera contacto conmigo.

Yo vivía en La Habana en 1945 cuando terminó la Segunda Guerra Mundial. Lo recuerdo por esa canción "Pin pin, cayó Berlín. Pon pon, cayó Japón". Arsenio le pidió a mi padre que volviera a Santiago, pues tenía una nueva panadería, La Cubanita, en el reparto Sueño, que todavía existe. Ya en esos momentos Arsenio estaba casado y tenía hijitos. Ahí viví como 10 años, que fue para mí una de las épocas de mayor estabilidad.

Mi padre y su socio vendieron esta panadería y compraron otra en el mismo reparto, llamada Las Américas, que existe aún. Aquí comencé a ir a la escuela episcopal San Lucas, frente al estadio Maceo, donde estudié hasta séptimo grado.

Esta compra y venta de panaderías resultó ser bastante frecuente para mi papá y Arsenio Hung, por lo que recorrimos gran parte de Santiago. Entre estas panaderías puedo mencionar La Moderna, en el reparto Sorribe, y la Nueva China, cerca de la colonia española, en el Alto de Quinteros.

Cuadro del Movimiento 26 de Julio

HAWKINS: ¿Qué lo atrajo al movimiento revolucionario?

CHUI: Mi padre y sus socios chinos vivían bastante holgados y yo no pasé grandes vicisitudes. Sin embargo, siempre percibí el entorno social y político que me rodeaba en los diferentes barrios donde viví.

El golpe de estado del dictador Fulgencio Batista en 1952 sacudió al pueblo y en especial a los jóvenes, quienes después del asalto al cuartel Moncada fuimos adquiriendo conciencia de lo injusto de ese régimen despiadado.

Me incorporé al Movimiento 26 de Julio a principios de 1957. Formé parte de una célula bajo las órdenes de Miguel Mariano Martínez Hierrezuelo, un destacado luchador revolucionario que llegó a capitán del Ejército Rebelde.

Al principio participé en acción y sabotaje. Las primeras misiones fueron abastecer con alimentos y medicinas a los revolucionarios que estaban albergados o heridos. Más tarde repartí propaganda, puse bombas caseras y participé en otras actividades que expresaban nuestra rebeldía y disposición de luchar para derrocar la tiranía. Estuve realizando estas misiones hasta poco antes de la huelga del 9 de abril de 1958, luego de la cual me fui para la Sierra Maestra. Me alcé por el Tercer Frente "Mario Muñoz Monroy", dirigido por el comandante Juan Almeida Bosque.

Debo mencionar que para esta nueva tarea me llevó una de mis madres de crianza, Lidia Wanton. Ella estaba casada con uno de los amigos chinos de mi padre, Antonio Fong, que tenía una finca en la Sierra Maestra llamada El Lucero. Por insistencia de su hijo, que ya estaba alzado en el Tercer Frente, ella me fue a buscar a Santiago.

Al llegar a la sierra me presenté al capitán Enrique López en el campamento La Anita. Formé parte de la tropa del teniente Idelgarde Rivaflecha, alias Jabao Cuchillo. Terminada la ofensiva que el ejército de Batista lanzó contra el Ejército Rebelde en el verano de 1958,[6] me integré a la Columna 3 "Santiago de

6. Aprovechando el ímpetu que el gobierno había logrado con el fracaso de la huelga del 9 de abril de 1958, el ejército de Batista mandó 10 mil soldados a la Sierra Maestra a finales de mayo para tratar de aniquilar a las fuerzas revolucionarias. Los combatientes del Ejército Rebelde, que al comienzo del ataque sumaban 300 y tenían apenas 200 fusiles servibles, resistieron y a finales de julio derrotaron la ofensiva.

Cuba", al mando del comandante Guillermo García.

En esta columna participé en diferentes combates y acciones combativas, entre ellos la toma de Palma Soriano, con lo que comenzó la preparación del asalto a Santiago de Cuba. El 1 de enero, al dirigirse la columna hacia su objetivo, cuando estábamos en el poblado del Escandel, supimos de la rendición del ejército de la tiranía.

Ya victoriosos, entramos a Santiago, y la noche del 1 de enero, a mi pelotón le tocó la custodia del Parque Céspedes. Fue allí donde el comandante en jefe Fidel se dirigió al pueblo de Santiago de Cuba y a toda la nación.

Después partimos hacia La Habana en la Caravana de la Libertad, con Fidel al frente.[7]

MOISÉS SÍO WONG

WATERS: General Sío Wong, usted creció en La Habana, y tengo entendido que la historia de su familia fue distinta de

---

Hay relatos sobre este período en Guevara, *Pasajes de la guerra revolucionaria*, "La ofensiva final. La batalla de Santa Clara", y en Hart, *Aldabonazo: En la clandestinidad revolucionaria cubana.* Ver también Fidel Castro, *De la Sierra Maestra a Santiago de Cuba: La contraofensiva estratégica* (La Habana: Oficina de Publicaciones del Consejo de Estado, 2010).

Para leer sobre la clandestinidad revolucionaria en Santiago, ver *Aldabonazo* y Vilma Espín y Asela de los Santos, *Las mujeres en Cuba: Haciendo una revolución dentro de la revolución* (Pathfinder, 2012).

7. Del 2 al 8 de enero de 1959, Fidel Castro condujo una victoriosa columna del Ejército Rebelde desde la Sierra Maestra hasta La Habana. La Caravana de la Libertad, según se le conoció, fue recibida por multitudes de cubanos en ciudades y pueblos a través de la isla que salieron al encuentro de los "hombres del Moncada".

las de los generales Choy y Chui. ¿Es así?

MOISÉS SÍO WONG: Sí, mi papá llegó a Cuba en 1895. Vino con su primera esposa. Tuvo su primer hijo en China, o sea, mi primer hermano. Mi padre lo dejó allá con la abuela y él vino con su esposa a Cuba.

WATERS: ¿Bajo qué condiciones?

SÍO WONG: Él sencillamente reunió el dinero, compró el pasaje y vino. Se estableció en la provincia de Matanzas, donde había una gran colonia china. Tenía una pequeña bodega en un pueblo que se llama San Pedro de Mayabón, en el municipio de Los Árabos.

Con su primera esposa tuvo cinco hijos. Uno en China y cuatro aquí. Después quedó viudo. Entre los campesinos se estilaba eso de pedir: "Mándenle una esposa". Entonces la mandó a buscar. Ella fue mi mamá. Tenía 15 años. Los hijos de mi padre ya tenían 14, 13, 12 y 11 años. O sea, mi mamá era un año mayor que el mayor de los hijos a su cargo.

Deberían haberle puesto una medalla a mi mamá. Una heroína. Ella le dio nueve hijos. Además le crio a esos cuatro del primer matrimonio. Cuando nací yo en 1938, ya había 11 hijos en esa casa. Yo fui el número 12.

Durante los primeros años de mi vida, vivimos en San Pedro de Mayabón. Era un pueblo pequeño, en su mayoría campesinos. Yo no fui a la escuela, pero aprendí a leer y escribir en casa. Me daba clases mi hermana mayor, Angelita, que estaba instruida. Además, allí aprendí a sumar, a restar, aprendí aritmética.

En mi casa se hablaba más en chino. Pero también aprendí español. Porque aunque no iba a la escuela cubana, jugaba con niños que no eran chinos. Después con el tiempo, y al no usarlo, el chino se me fue olvidando.

En 1947, cuando yo tenía nueve años, mi papá tuvo un derrame cerebral y quedó inválido. La familia se trasladó aquí a La Habana para poder atenderlo mejor.

Mi cuñado, que era chino, era también muy rico. Se casó con mi hermana Isabel allá por 1942 o 1943. Recuerdo la boda, la más grande que he visto en mi vida. De toda Cuba fueron chinos a esa boda. Grandes camiones de La Habana, cargados con cerveza, cake, dulces y otras golosinas. Me acuerdo que el cake de boda tenía siete pisos. Yo era niño pero aún recuerdo aquello. Ese señor, el esposo de mi hermana, era en Cuba el secretario del Kuomintang, el Partido Nacionalista Chino, el partido de Chiang Kai-shek. Era un gran empresario, tenía su dinero.

Mi cuñado puso un restaurante en La Habana, en San Lázaro y Crespo, un bar-restaurante, donde trabajábamos todos los hermanos, y donde nos pagaban un salario mísero.

El salario mínimo de aquella época era de 60 pesos mensuales. Mi hermano me contaba después cómo en los libros aparecía que nos pagaba 60 pesos. Pero a los mayores les pagaba a lo más 45, y hasta 30. A los niños no nos pagaba nada. Nos daba 20 centavos para ir al cine el domingo. Así era.

Yo creía que el bar era del hermano mío, pero fue el cuñado quien puso el dinero y estaba explotando a toda la familia.

Esto lo supe cuando regresé al final de la guerra revolucionaria. En ese momento le dije a mi mamá, "Benito nos está explotando".

"No", contestó. "Hay que agradecerle que él puso el dinero, puso el negocio y nos dio trabajo".

Ese era un concepto, ¿no? De que ayudó a la familia poniendo el negocio. El otro concepto, el mío, era que nos estaba explotando. Con mis hermanos hacíamos el trabajo y él sacaba las ganancias. Pero eso solo lo entendí a fondo después del triunfo de la revolución: "la explotación del hombre por el hombre".

Vinimos para La Habana, y aquí en dos años hice la escuela

primaria. Cuando llegué ya sabía leer y escribir. Me hicieron una prueba y me incorporaron al tercer grado. Durante las vacaciones de verano mi hermana me puso una profesora y salté para el sexto grado. Y en las otras vacaciones la misma profesora me preparó e ingresé por un examen en el Instituto de Segunda Enseñanza. Es así que hice la primaria en dos años. Incluso hubo que ponerme un año de más en las inscripciones civiles porque tenía 11 años, y los institutos exigían 12 años para ingresar.

Estuve un año en un colegio privado, y en 1951 ingresé en el Instituto Número 1 de La Habana. Estando allí fue que Batista dio el golpe de estado del 10 de marzo de 1952.

Se une al movimiento revolucionario

KOPPEL: ¿Cómo se integró al movimiento revolucionario?

SÍO WONG: En Cuba los estudiantes siempre han estado a la vanguardia de las luchas revolucionarias. Ese mismo día 10 de marzo, los estudiantes de la Universidad de La Habana, encabezados por jóvenes como Fidel Castro y José Antonio Echeverría, lanzaron fuertes protestas contra el golpe de estado. Así comenzó la lucha contra la dictadura.

En el Instituto de Segunda Enseñanza había un movimiento estudiantil fuerte, muy ligado con los estudiantes de la Universidad de La Habana. Un grupo de estudiantes de secundaria rápidamente me captó. Yo de política no sabía nada, era joven. Pero entonces en ese ámbito empecé a manifestar esas inquietudes. Junto a otros jóvenes nos iniciamos en la lucha estudiantil en la secundaria.

Comenzamos así a participar en las manifestaciones contra la dictadura junto a los estudiantes de la Universidad de La Habana. Después del asalto al Moncada el 26 de julio de 1953, ya ese vínculo se estrechó.

Históricamente, la Universidad de La Habana había tenido

una participación muy activa en las luchas por la independencia, y también en la revolución de 1933.[8] Fidel y muchos otros dirigentes proceden de esas batallas en la universidad.

Antes del 26 de julio, nosotros teníamos un vínculo con el ala izquierda del Partido Ortodoxo, a la que pertenecía Fidel. Es allí donde conocí a un grupo de revolucionarios, entre ellos Ñico López y Enio Leyva, y donde fui captado.

Un grupo de jóvenes que vivíamos en el barrio de la Punta organizamos un ciclo de charlas, que llamábamos "charlas cívicas". Las impartía Ñico López, quien después participó en el asalto al Moncada y cayó poco después del desembarco del *Granma*. Ñico era un obrero, alto y flaco, muy humilde. Esas charlas eran de orientación política revolucionaria. Se daban en el local del Partido Ortodoxo, en Prado 109, esa alameda aquí en La Habana. Como decía, aún no existía el Movimiento 26 de Julio. En el Partido Ortodoxo ya había un grupo del ala izquierda liderado por Fidel y por un grupo de jóvenes, entre ellos Ñico López, Juan Manuel Márquez, Enio Leyva y René Rodríguez.

Después del asalto al Moncada, se fundó en 1955 el Movimiento 26 de Julio y nos incorporamos. En La Habana se crearon las Brigadas Juveniles del 26 de Julio, integradas en gran parte por estudiantes y jóvenes obreros. Las dirigía Gerardo Abreu (Fontán), un destacado revolucionario, con gran capacidad organizativa. Un compañero íntegro, abnegado, negro. Las brigadas se dedicaban fundamentalmente a la propaganda, a pintar consignas en las paredes, a romper vidrieras, tirar cócteles molotov, hacer pequeños sabotajes de ese tipo. Fontán me nombró jefe de la primera brigada que se creó en el barrio de La Punta.

Ya en 1957 había una intensa represión en La Habana, y se

8. Ver glosario, Revolución de 1933.

decidió que yo saliera para la Sierra Maestra. Recuerdo que fue el 4 de julio, día de la independencia de Estados Unidos. Iba por la calle y escuchaba que por televisión transmitían un acto y tocaban el himno de Estados Unidos.

Primero estuve en Bayamo, y esperé allí unos meses, desde julio hasta finales de noviembre, para recibir autorización para subir a la sierra. Mientras tanto estuve en la clandestinidad. Me hacía pasar por sobrino de un chino que tenía una lavandería.

Por fin me incorporé a la columna de Fidel en noviembre de 1957.

Miembro del Ejército Rebelde

WATERS: ¿Qué sucedió cuando llegó a la sierra?

SÍO WONG: Justo en esos momentos la guerrilla estaba pasando por una situación crítica.

El movimiento me había conseguido uniforme, botas, hamaca, todo menos armamento. Pero subí con tres compañeros de Manzanillo —guajiros— que no llevaban nada. O sea, también iban a incorporarse al Ejército Rebelde, pero no llevaban ni avituallamiento ni ropa.

Yo llevaba una carta. Pero no de Fontán, mi jefe directo y de quien debía haber llevado la carta. Era de un expedicionario del *Granma*. Este compañero había bajado de la sierra enfermo y lo teníamos escondido en una casa. Para nosotros era un dios, un héroe.

"No te preocupes", me dijo. "Yo te doy una carta para Fidel y tú no tienes ningún problema". Y me escribió una nota para Fidel. "Aquí te mando a Sío Wong, que está muy quemado aquí en la lucha revolucionaria", etcétera. Firma, fulano de tal. Y yo pensé que con esa nota no tendría mayores problemas.

Pasé mucho trabajo para subir a la sierra. Yo me crié en la ciudad. Era estudiante. Además, acababa de pasar una gripe hacía tres o cuatro días y estaba muy débil. Cuando subí la primera loma me desmayé. Entonces el guía me quería dejar y yo le dije: "Oye, si tú me dejas aquí en el camino, le voy a escribir a Fidel y te van a fusilar. Me tienes que llevar para la sierra".

Entonces pidió prestado un caballo de una viuda, una campesina que vivía allí, y me montó en el caballo. Así llegué yo a la Sierra Maestra.

Cuando llego a la comandancia de Fidel, dice un compañero: "Fidel, ¡hasta un chino aquí!" Ese fue el recibimiento.

Entran a una casita y le dan a Fidel la carta. Yo siempre me había imaginado que los compañeros me iban a recibir con los brazos abiertos.

"¿Así que ustedes están quemados en la lucha clandestina?", dice Fidel al salir. "A ver, ¿de dónde son?"

Dicen los otros muchachos: "No, nosotros somos de allá, de Calicito. Allí quemamos unos campos de caña".

Precisamente en aquellos días Fidel tenía un pelotón en esa zona quemando caña. Y dice: "¿Así que ustedes fueron los que quemaron la caña en Calicito? ¿Y para qué yo tengo al capitán Basante allí con un pelotón?"

No sé, es posible que ellos hubieran quemado caña, pero Fidel tenía un pelotón expresamente cumpliendo esa misión de quemar en esa zona.

Y me dice, "¿Y tú? ¿Así que a ti te manda fulano de tal?"

"Sí, comandante".

"De seguro que él se cree un héroe. La debe estar pasando de lo mejor con la historia aquella de ser expedicionario del *Granma*, en vez de estar aquí con nosotros".

Entonces Fidel dice, "¿Y ustedes se creen que esto es una embajada? Hacen una cosita y se vienen a refugiar. Ustedes no traen armamento, no traen uniforme, no traen botas, no traen comida, no traen nada".

"¡Crescencio!", grita. Crescencio Pérez era un campesino que era de la retaguardia. "Crescencio, mételos tres días presos y comiendo arroz solamente".

Realmente me sentí muy mal, estaba pasmado. Yo estaba convencido de que me recibirían con los brazos abiertos y resultó lo contrario.

Al otro día estábamos a la orilla del río y pasó Fidel. Nos dio una disculpa: "Perdónenme por la forma que los traté ayer. Pero es que fulano me hizo una basura. Le di una orden y no la cumplió. Tenemos esta situación crítica, con la comida, con la ropa, con el armamento. No tenemos armas. Si ustedes quieren, regresen. Cuando haya mejores condiciones, pueden volver".

Entonces le dije, "Comandante yo no puedo volver para La Habana. Estoy perseguido allí".

Los otros tres muchachos bajaron, pero yo me quedé. Permanecí en la Columna 1 al mando de Fidel, y después de un tiempo fui asignado a su comandancia en La Plata. Seguí allí hasta que comenzó la ofensiva de verano del ejército en 1958.

Una misión clandestina

WATERS: Mientras estaba en la comandancia, le dieron una misión clandestina en La Habana, ¿no es así?

SÍO WONG: Sí. Finalizando el mes de enero de 1958, Fidel tenía la intención de mandar a buscar a Fontán —Gerardo Abreu— para sacarlo de La Habana, donde estaba bajo un peligro inminente, y enviarlo a la sierra. Como yo era de La Habana, el compañero René Rodríguez, uno de los expedicionarios del *Granma,* le propuso a Fidel que yo fuera. En esos días se produjo el segundo combate de Pino del Agua y no pude salir. Se produjo el 4 o 5 de febrero, y el día 7 nos llegó la noticia de que habían asesinado a Fontán.

Fontán era un dirigente de las Brigadas Juveniles del 26 de Julio, muy íntegro, muy valiente, extraordinario compañero. Él conocía toda la organización de La Habana y los hombres de Batista no le pudieron arrancar ni un solo dato, aun cuando lo torturaron salvajemente.

Fue para mí doblemente doloroso, porque Fontán había sido mi primer jefe en el movimiento. Para mí fue siempre ejemplo de revolucionario. Además yo sabía que Fidel me iba a mandar a buscarlo.

Varios días después me encomendaron la misión de venir a La Habana a buscar a Sergio González, a quien todos conocíamos como El Curita. Él era el jefe de acción y sabotaje aquí en la capital. También era un hombre muy perseguido.

En aquellos días se estaba organizando también la partida de las columnas de Raúl Castro y Juan Almeida para abrir el Segundo y el Tercer Frente. Entonces no fue sino hasta el 10 de marzo que yo pude salir. Recuerdo que aproveché precisamente la celebración del aniversario del golpe de Batista para bajar de la sierra, ir a Bayamo, hacer los contactos y después llegar a La Habana.

Me entrevisté una noche con El Curita en un parque del barrio de La Víbora, frente al cine Mónaco. Son imborrables los recuerdos de esa entrevista. Le transmití la orden de Fidel de que me acompañara a la sierra, teniendo en cuenta lo perseguido que estaba.

"Dile a Fidel que me perdone por no cumplir su orden", me dijo. "Pero yo considero que siendo el jefe de acción y sabotaje, y con la situación tan compleja que existe, no me puedo ir y abandonar a mis hombres. Estoy seguro que me comprenderá. Transmítele que le agradezco su preocupación por mi seguridad".

No hubo forma de convencerlo.

La entrevista con Sergio González fue el 13 de marzo. Yo

debo haber regresado el 14 de marzo aproximadamente. Cuando le informé a Fidel que no había podido cumplir la misión, él lo sintió mucho, porque sabía que iban a matar a El Curita. Efectivamente, el 19 de marzo fue asesinado. Estos eran cuadros valientes, probados, muy valiosos, a quienes Fidel quería evitar que los mataran.

Fidel sabía que la lucha clandestina en las ciudades era muy difícil. Fontán fue víctima de una delación. El que lo hizo se paseaba en una perseguidora, un auto de la policía, hasta que un día vio a Fontán en la calle. Así capturaron a Fontán.

Estos casos los pongo siempre de ejemplos de cómo Fidel, al dirigir una batalla, cuidaba a los cuadros, a los hombres. Se preocupaba por ellos para tener la menor cantidad de pérdidas posible. Pero también es ejemplo de cómo estos hombres asumían la responsabilidad que tenían.

Fontán sabía que él estaba muy perseguido. Incluso es él quien me mandó para la sierra. "Sabes, tú estás muy perseguido", me dijo. "Te tienes que ir". Sin embargo, él se quedó en La Habana. El Curita, a pesar de la orden de Fidel, también se quedó. Eso demostraba el sentido de responsabilidad que tenían. Pasó lo mismo con muchos otros, empezando por Fidel. Hay una carta a Fidel que le envían los combatientes en la sierra para pedir que no participe en los combates directamente. Porque hubo una época en que él se arriesgaba mucho.[9]

Considero que la lucha más difícil es la lucha clandestina en la ciudad, donde el enemigo tiene todas las ventajas. No es como en la montaña, donde la ventaja la tiene el guerrillero. Es el que pone la emboscada. Pero aquí en la ciudad, el enemigo tiene la ventaja. Además, La Habana fue la más difícil.

9. Esta carta se encuentra en Guevara, *Pasajes de la guerra revolucionaria*, en el capítulo "Pino del Agua II".

KOPPEL: Mencionó la ofensiva del ejército batistiano en la Sierra Maestra durante el verano de 1958. ¿Qué estaba haciendo durante esos meses?

SÍO WONG: Estuve con Fidel al comienzo de la ofensiva. Él me mandó con una mina —una de esas bombas de 100 libras que tiraba la aviación enemiga y que convertimos en mina— para detener los refuerzos de la ofensiva que habían desembarcado por el sur de la Sierra Maestra, cerca de Palma Mocha. En El Jigüe estaba sitiado el batallón élite Los Ligeros, al mando del comandante José Quevedo, y Batista envió un refuerzo para sacarlos del cerco. Fidel me mandó con una escuadra de la columna del Che para sumarnos al pelotón del capitán Ramón Paz.

Ese refuerzo enemigo no pudo llegar, porque fue rechazado por el pelotón del capitán Andrés Cuevas en decisivo combate, donde cayó este valioso oficial.

En la columna del Che

Así pasamos la ofensiva, participando en varios combates, como el de El Jigüe, dirigido personalmente por Fidel.[10] También participé en la batalla de Casa de Piedra, Providencia, donde cayó el capitán Ramón Paz, y en la del Joval, donde cayó el comandante René Ramos Latour (Daniel). Al terminar la ofensiva yo seguí en la columna del Che.

A finales de agosto, Fidel les dio la misión al Che y a Camilo de organizar dos nuevas columnas. La Columna 8 "Ciro Redondo", la del Che, iría hacia el centro del país. La de Camilo Cienfuegos, la Columna 2 "Antonio Maceo", tenía la misión de llegar hasta Pinar del Río, la provincia más occidental.[11]

10. La batalla de El Jigüe, del 11 al 20 de julio de 1958, fue una victoria decisiva del Ejército Rebelde que selló la derrota de la ofensiva del gobierno en la Sierra Maestra.

11. En octubre Fidel Castro ordenó que la Columna 2 permaneciera

La selección de ambos jefes por Fidel fue genial, por las características de ambos dirigentes. El Che describía a Camilo como un combatiente de una creatividad tremenda, un jefe guerrillero nato. Camilo disponía de una tropa que había estado varios meses en los llanos de Bayamo, en Oriente, peleando contra la tropa de la tiranía. Tenía experiencia de combate en el llano. Nosotros conocíamos el combate en las montañas, pero no en el llano. Camilo también tenía una tropa —o sea, la mayoría de los más de 90 combatientes que partieron— que eran veteranos en la guerra, con armamentos automáticos. Por eso Camilo recibió esa misión.

El Che formó una columna de unos 140 hombres, con un armamento que habíamos podido juntar. La columna incluía un grupo de oficiales y jefes de pelotones y escuadra que ya llevaban tiempo en la Sierra Maestra. Pero había un grupo grande que apenas había pasado la escuela de reclutas en Minas del Frío.[12] Eran bisoños, no tenían mucha experiencia combativa.

Yo estaba en la vanguardia. Nuestro pelotón estaba compuesto por los combatientes más experimentados; teníamos armamento automático. Yo iba en la segunda escuadra.

Antes de partir el Che nos reunió a todos y nos planteó la misión. Dijo que aunque quedara un solo combatiente, tenía que llegar y cumplir la misión que Fidel nos había dado.

Pienso que Fidel escogió al Che para organizar la lucha en el centro de la isla por dos razones. Primero, por la impor-

---

en la provincia de Las Villas y coordinara sus operaciones con la Columna 8.

12. En abril de 1958, Che Guevara ayudó a establecer una escuela de reclutas del Ejército Rebelde en Minas del Frío, en la Sierra Maestra. Los alumnos recibieron preparación militar así como cursos de alfabetización e instrucción política.

tancia de la zona central y de poder cortar las fuerzas de la tiranía en dos. Segundo, porque en la provincia de Las Villas había fuerzas de cuatro organizaciones: del Movimiento 26 de Julio, dirigido por Víctor Bordón; del Directorio Revolucionario, que era el grupo de los estudiantes, dirigido por Faure Chomón; del Partido Socialista Popular, que tenía una unidad en el norte de la provincia dirigida por Félix Torres; y del Segundo Frente Nacional del Escambray, que se había separado del Directorio Revolucionario y tenía vínculos con la Organización Auténtica.

El objetivo de Fidel era unificar esas fuerzas para lograr cortar la isla en dos. Por su capacidad política, el Che era uno de los que podían hacer esto. El Che reunía en sí la capacidad política de un hombre de una inteligencia preclara y de un hombre de acción. Era un combatiente y un pensador.

Hicimos la invasión al centro de Cuba en condiciones muy difíciles. Nos tardó 45 días llegar al Escambray. Hubo 11 compañeros que físicamente no pudieron y abandonaron la columna. A algunos de ellos los asesinó la dictadura.

Llevábamos los pies llagados, no solamente por los 500 kilómetros del trayecto, sino porque tuvimos que atravesar la ciénaga por el sur de toda la provincia de Camagüey. Por ahí no podían andar ni caballos ni carros ni nada. Andábamos en condiciones muy difíciles. En la montaña el guerrillero tiene la ventaja, pero en el llano la posee el enemigo porque puede moverse con facilidad. Y además, el enemigo conocía ese terreno.

Cuando me sentía desfallecer yo miraba al Che, a quien se le había acabado la medicina del aparatico del asma. Veía a este argentino, asmático, dispuesto a morir por Cuba: ¿Si él podía hacerlo, cómo yo no iba a poder? Eso me daba fuerzas para seguir. También me ayudaron otros compañeros, porque a veces casi ni podía con el fusil. Y eso que traía una carabina M-1, que es muy ligera. Yo era un joven criado en la ciudad y pesaba menos de 100 libras.

Así llegamos al Escambray en octubre de 1958.

HAWKINS: ¿Qué pasó cuando llegaron?

SÍO WONG: Lo primero fue que nos topamos con las fuerzas del Segundo Frente Nacional del Escambray al mando de Jesús Carreras. Nos encontramos un cartel a la entrada del camino que decía: "No se admiten tropas de otra organización que no sean las del Segundo Frente". Lo firmaba Carreras.

Ellos tenían una actitud provocadora y sabían que venía nuestra columna.

Víctor Bordón ya había enviado dos oficiales a nuestro encuentro. Ellos nos guiaron en la última parte del trayecto y nos informaron de la situación creada por el Segundo Frente.

El Che logró unificar las fuerzas del Directorio Revolucionario, del 26 de Julio y del PSP. Se firmó el Pacto del Pedrero, donde las tropas del Directorio se unieron bajo el mando del Che para unificar las acciones. Poco después el PSP firmó también. El Segundo Frente del Escambray no firmó el pacto.

Casi sin descansar del largo viaje, el Che atacó varios pequeños cuarteles en las estribaciones de las montañas, como Güinía de Miranda, Banao y Caracusey.

El primer combate después de que llegamos fue en Güinía de Miranda. Atacamos un cuartelito de unos 40 hombres. El combate comenzó como a las cinco de la mañana y sabíamos que tenía que acabar antes del amanecer, porque si no, nos cogía la aviación.

En la marcha desde la Sierra Maestra llevábamos una bazuca que habíamos tomado durante la ofensiva del ejército. El bazuquero más o menos sabía tirar. Al empezar el combate, el primer bazucazo pasó por arriba del cuartel. El segundo bazucazo pegó adelante, no le dio.

Entonces vino el Che y dijo, "Oye, ¿qué te pasa, chico?" Le quitó la bazuca, se paró así frente al cuartel y disparó el bazucazo. Se lo metió por la ventana. Ahí mismo se rindió el cuartel.

En las semanas siguientes, el ejército de Batista lanzó una ofensiva en el Escambray, que fue rechazada, y nuestras tropas pasaron a lo que se convirtió en la ofensiva final.

Uno de los combates más duros se dio en Fomento, el pueblo de Choy. Fue el 16 de diciembre y era la primera vez que se atacaba un cuartel de ese tamaño en el llano. El combate duró tres días, con bombardeos de la aviación. Después de que se rindió el enemigo, fuimos liberando otras ciudades, como Cabaiguán, Placetas, Sancti Spíritus, Remedios y Caibarién.

Recuerdo algo que sucedió en el combate de Cabaiguán.

Nuestro pelotón, que era el de la vanguardia, atravesando patios había logrado llegar frente al cuartel del ejército; solo nos separaba una calle. Fui a avisarle al Che de que habíamos llegado a esta posición muy ventajosa. Para llegar había que saltar de un techo a un muro, y después había un patio. Pero eran como las cuatro de la madrugada y estaba oscuro. El Che dio un paso en falso y se cayó. Se quebró el brazo.

Lo primero que dijo fue, "¿Qué le pasó al M-1?" ¡Tenía el brazo partido y estaba preguntando por el fusil que llevaba!

La lucha culminó con la batalla de Santa Clara. El 1 de enero de 1959, triunfamos en esa batalla, Batista huyó del país y nosotros vinimos para La Habana.[13]

Pensé que la guerra se había acabado. Me pasó algo parecido a lo que dice López Cuba en *Haciendo historia*.[14] Yo había dejado el instituto. Me faltaban dos asignaturas para terminar

13. Ver Guevara, *Pasajes de la guerra revolucionaria cubana*, "Apéndices".

14. Mary-Alice Waters, ed., *Haciendo historia: Entrevistas con cuatro generales de las Fuerzas Armadas Revolucionarias de Cuba* (Pathfinder, 2001).

el bachillerato. Entonces fui donde el Che:

"Bueno, Che, ya se acabó la guerra. Yo quiero ser ingeniero eléctrico".

"¿Te vas *ahora*?", dijo. Y, perdonen la frase, "Vos sos un comemierda. Ahora es que comienza la revolución".

WATERS: ¿Entonces siguió bajo el mando de Che?

SÍO WONG: Fui ascendido a primer teniente a principios de enero de 1959, y me asignaron a la policía militar, cuya sede era el cuartel de La Cabaña en La Habana. Ese era el puesto de mando del Che. La policía militar se encargaba de la disciplina en el ejército. De noche me matriculé en el Instituto de Segunda Enseñanza. Pero hacía cuatro años que no estudiaba y pasaba mucho trabajo. Además, tenía todas mis responsabilidades en el Ejército Rebelde.

Meses después, Jorge Ricardo Masetti, un argentino, estaba fundando Prensa Latina. La mayoría de los que integraban el Ejército Rebelde eran campesinos. Pero yo era estudiante, tenía un nivel preuniversitario. Masetti lo sabía y me trató de captar. "¿Quieres ser periodista y ayudar a fundar una agencia de prensa latinoamericana?", me dijo.

Entonces fui a ver al Che.

"Che, Masetti me está proponiendo que vaya a trabajar con él en Prensa Latina".

"Te digo por segunda vez que sos un comemierda. Tienes que ser del ejército. Dile a Masetti que se busque periodistas por otro lugar. No te puedes ir".

Esa fue otra lección.

La tercera vez que recibí una lección así del Che fue después de que lo habían nombrado presidente del Banco Nacional. Una de mis hermanas me llama y me dice que la mamá de su esposo se está muriendo en Macao, y que le faltan 50 dólares para pagar la visa. Me pide que hable con el Che.

Yo, ingenuamente, voy a ver al Che.

"Che, a mi hermana, que tiene la suegra allá en Macao, le hacen falta 50 dólares para pagar la visa y poder ir a verla".

El Che mete la mano en el bolsillo.

"Yo lo único que tengo son 125 pesos". En esa época el salario de nuestros oficiales era de 125 pesos mensuales.

Y dice, "Si te hacen falta, tómalos. Pero yo no tengo dólares".

¡Qué lección! A mí no se me ha olvidado eso.

En mi vida de revolucionario he tenido varios privilegios. Ante todo, en mi formación de revolucionario, el de haber tenido tres grandes jefes. Primero, Fidel en la Sierra Maestra. Segundo, haber sido combatiente de la tropa del Che. Y tercero, a partir de 1965, haber trabajado casi siete años directamente con Raúl Castro, como su ayudante, siendo él ministro de las Fuerzas Armadas Revolucionarias. Durante ese tiempo también tuve el privilegio de trabajar bajo las órdenes de Juan Almeida por año y medio, cuando él quedó como ministro mientras Raúl cursaba la Academia Militar.

Eso para mí ha sido un gran privilegio. Tener jefes de esa talla, haberlos podido conocer y haber estado bajo sus órdenes y aprender de ellos.

Los chinos en Cuba

WATERS: Los tres de ustedes tuvieron experiencias muy distintas al crecer aquí como cubanos de ascendencia china. Háblennos un poco sobre la emigración china a Cuba. ¿Qué papel ha ocupado en la historia de Cuba?

SÍO WONG: La historia comienza en 1840, al inicio de la primera Guerra del Opio en China. La emprendieron las potencias europeas para dominar a China, utilizando el opio como su principal palanca. Ya habían introducido al país grandes cantidades de opio. El emperador manchú, al darse cuenta de lo que eso significaba para el desarrollo de la sociedad y del pueblo chino, dictó una ley prohibiendo la entrada del opio. El emperador envió un representante a Cantón. Incluso hubo una gran operación en que se destruyeron miles de cajas de opio. Las potencias coloniales, con Inglaterra a la cabeza, usaron esto como pretexto para lanzar la guerra contra China.

En 1842 concluyó la Guerra del Opio con la derrota de China. Las potencias coloniales les impusieron a los gobernantes de China muchas concesiones. En primer lugar, China cedió Hong Kong a Inglaterra y abrió al comercio los puertos de Cantón (actualmente Guangzhou), Amoy (hoy Xiamén), Fuzhou, Ningbo y Shanghai. En las dos décadas siguientes China fue obligada a hacer más concesiones, no solamente a los ingleses sino a otras potencias coloniales: a

Puertos de procedencia de trabajadores chinos por contrato llegados a Cuba

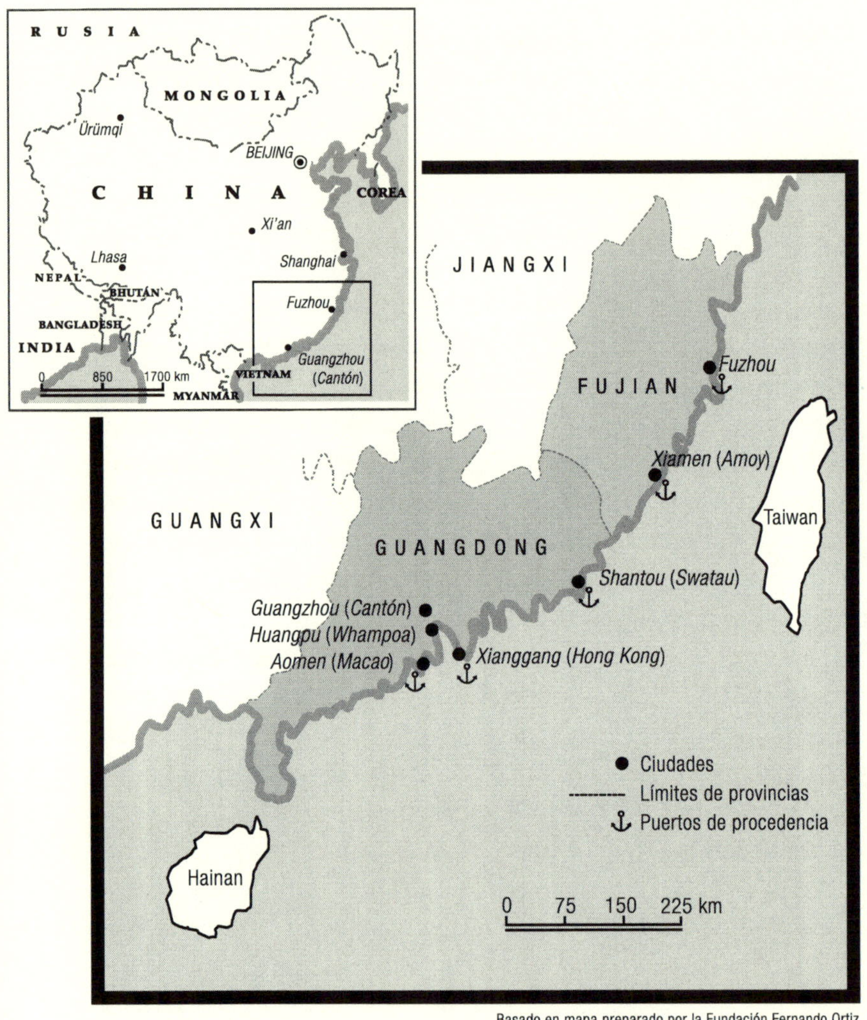

Basado en mapa preparado por la Fundación Fernando Ortiz

los norteamericanos, los franceses, los portugueses, etcétera. China les dio entrada a distintos puertos desde los cuales desarrollaron sus operaciones.

Los ingleses se dieron cuenta que podían sacarle provecho a su dominación de China de otra forma. Comenzaron a contratar mano de obra china para explotarla en las colonias que tenían en el hemisferio occidental: Trinidad y Tobago, Jamaica, Guyana y Barbados.

La corona española vio que esto podía ser una alternativa a los esclavos africanos, sobre todo para el desarrollo de la industria azucarera aquí en Cuba.

Veinticinco años antes, en 1817, Inglaterra y España habían firmado un tratado que abolía la trata de esclavos africanos. Por supuesto, España no cumplió y siguió trayendo esclavos de África en violación del tratado. Incluso trajeron a más esclavos durante esa época que antes. Pero como ya no lo podían hacer tan abiertamente, no podían traer las cantidades de mano de obra que necesitaban.[15]

Hubo otro factor que influyó en la decisión de España de traer chinos para el trabajo por contrato. El censo de 1841 que hicieron aquí los españoles indicaba que en Cuba había 1 017 000 personas, de las cuales 418 000 eran blancos. Había unos 150 mil mestizos libres y 432 mil esclavos. O sea, había muchos más esclavos y mestizos libres que blancos.

Ya se habían dado sublevaciones de esclavos. Hubo un caso muy famoso en 1844, el de la "Conspiración de la Escalera", donde los españoles fusilaron a Plácido, un mestizo, un poeta brillante. Algunos historiadores plantean que no se sabe si es cierto que hubo tal conspiración o si fue una medida represiva de los españoles para tratar de frenar estas revueltas. Pero las rebeliones de esclavos eran algo que les

15. Ver glosario, Esclavitud en Cuba.

preocupaba mucho. La victoriosa sublevación de esclavos en Haití era un recuerdo constante.[16]

Por eso en 1844 los españoles, guiándose por los ingleses, establecieron una compañía en el puerto de Amoy, con sus barracas, para la trata de la mano de obra china. Amoy, o Xiamén, está justo frente a Taiwán, sobre el estrecho de Taiwán.

A esos chinos los contrataban por un período de ocho años. Les pagaban cuatro pesos mensuales, más la comida y la ropa. Tenían que trabajar para quien les comprara o recomprara la contrata, que se adquiría por 70 pesos, por lo que eran trabajadores en servidumbre. Les prometían que a los ocho años podrían escoger: o regresar a China o quedarse como trabajador libre en el país. Claro que no podían escoger. Se tenían que quedar, pues no tenían el dinero para el pasaje de regreso.

La primera carga de trabajadores por contrato llegó a Cuba el 3 de junio de 1847 en el bergantín español *Oquendo*. Llegaron 206 en ese primer viaje. Los desembarcaron en Regla, aquí en la bahía de La Habana, el mismo puerto donde antes los españoles habían desembarcado esclavos africanos. Los pusieron en barracones y vendieron los contratos a los hacendados, quienes los trataron igual que a los esclavos.

El 12 de junio llegó la fragata inglesa *Duke of Argyle* con otros 365 chinos. Una buena parte había muerto en la travesía, que duraba entre cuatro y cinco meses. Así que en 1847 fueron casi 600 los primeros trabajadores chinos en servidumbre que llegaron.

Luego, en parte porque se divulgaron los maltratos que sufrieron, la corona española suspendió esa contratación. Pero en 1852 la reina autorizó que se reanudara.

Se calcula que entre 1847 y 1874 salieron hacia Cuba 141 mil chinos. De estos, entre el 10 por ciento y el 15 por ciento

16. Ver glosario, Haití, revolución en.

murieron en el trayecto. Es más o menos la misma cifra de los que fueron a Estados Unidos durante esos años. Pero en proporción a la población, la inmigración a Cuba fue incluso más significativa. En 1870 la población cubana era de 1.4 millones; la población de Estados Unidos era de 38 millones, o sea, más de 25 veces mayor.

A esos trabajadores chinos por contrato los comenzaron a utilizar en las plantaciones cañeras y otras haciendas. Pasaron mucho trabajo. En primer lugar, no conocían el idioma. En segundo lugar, no sabían cómo se usaba el machete, cómo se cortaba la caña, cómo se usaban los distintos instrumentos.

Hubo una gran cantidad de chinos que se escaparon para el monte, igual que los esclavos africanos. Estaban los llamados palenques, lugares donde se refugiaban los esclavos africanos fugitivos, y algunos chinos hicieron lo mismo. Otros se suicidaron. Preferían el suicidio a continuar siendo abusados, a ser tratados como esclavos.

Además de la inmigración directa desde China, entre 1865 y 1875 llegaron a Cuba unos 5 mil chinos de Estados Unidos. Muchos de ellos habían construido los ferrocarriles allá. Hace poco vi la película *Wyatt Earp*, con Kevin Costner. Uno ve a los chinos que construyen los férreas en Estados Unidos. Muchos de esos chinos emigraron después a Cuba, tratando de escapar del maltrato que sufrían.

Guerra de independencia

El 10 de octubre de 1868 comenzó la guerra de independencia.[17] Las fuerzas emancipadoras liberaron a los esclavos y la República en Armas declaró nulos los contratos de todos los trabajadores chinos por contrato.[18] Junto con miles de afri-

17. Ver glosario, Guerras de independencia de Cuba.

18. Ver glosario, República en Armas.

canos, los chinos se sumaron a esa lucha. Hubo batallones y compañías completos de chinos.

En las calles Línea y L, aquí en La Habana, hay un obelisco a la memoria de los chinos que lucharon en la guerra de independencia. En una tarja está la famosa frase del general Gonzalo de Quesada, el secretario de José Martí en el Partido Revolucionario Cubano. "No hubo un chino cubano desertor. No hubo un chino cubano traidor". Así dijo Gonzalo de Quesada. No se conoce ni un solo caso de un chino que ayudara a los españoles. Ni uno solo.

Hay que tener en cuenta que sí hubo muchos criollos que formaron parte del Cuerpo de Voluntarios. Eran cubanos connotados por su brutalidad que hacían tareas policiales para que los soldados españoles pudieran combatir a las fuerzas independentistas.

Unos años atrás, Fidel me preguntó si se sabía cuántos chinos habían participado en las guerras de independencia de 1868–98. Le dije que no se había podido determinar el número, porque los chinos solían cambiar de nombre. Ponían "Gustavo González" o "Ramón Fernández". Se ponían el nombre del amo. Y en los registros del Ejército Libertador no aparecen nombres chinos. Algunos historiadores plantean que hubo 6 mil combatientes chinos. Aunque no se sabe a ciencia cierta. Puede que hayan sido más.

Fidel entonces me preguntó cuántos chinos habían participado en la última guerra de liberación, la del 1957–59. ¿Cuántos hijos de chinos participaron?

Le dije que tampoco lo sabíamos. Porque a menos que el apellido venga por el padre, ya la siguiente generación lo pierde. Entonces hay muchos descendientes de chinos cuyo origen no se puede conocer simplemente por el apellido. Tomemos el caso de Esteban Lazo Hernández, que hoy es miembro del Buró Político del partido para atender la esfera ideológica. Su abuelo era chino. Bárbara Castillo Cuestas, la ministra del comercio interior: su abuela era china. Lázaro Barredo, vicepresidente de la comisión de relaciones internacionales de la Asamblea Nacional: también es nieto de chinos. Estos dirigentes son todos ejemplos de descendientes de chinos. Pero han perdido el apellido chino.

CHOY: Para darles una idea de la participación china en la guerra, en la batalla de Las Guásimas, en 1874, hubo un batallón de 500 chinos naturales que combatió al mando del general Máximo Gómez. Un batallón completo.

SÍO WONG: Además de los que combatieron, otros contribuyeron con alimentos.

Por ejemplo, mi padre tenía una bodeguita en Matanzas durante la guerra de 1895–98. Un día, las autoridades coloniales lo criticaron porque, al pasar un grupo de mambises,[19] él les dio mercancías y no les cobró.

"¿Oye, por qué tú no les cobras?"

"No, si aquí pasan los españoles también y se llevan la mercancía", dijo como excusa. "Y tampoco pagan".

Es un ejemplo.

Muchos chinos en las ciudades aportaron con información. Para las autoridades coloniales españolas, todos los chinos se veían iguales. Así que los chinos podían pasar desapercibidos cuando iban a los pueblos y las ciudades para obtener información sobre las tropas españolas. Si los interrogaban, decían, "Yo no entiende, no entiende".

WATERS: En esa época, ¿la mayoría de los chinos en Cuba hablaban chino como idioma principal? ¿O ya hablaban español? ¿O los dos idiomas?

SÍO WONG: Los chinos llegaban y al principio no sabían español. Después fueron aprendiendo unas palabras, pero du-

19. Ver glosario, Mambises.

rante la guerra la comunicación era muy difícil. Por eso estaban organizados en compañías o batallones distintos.

Hay una anécdota de un oficial, el coronel Hernández, que era jefe de un batallón chino al mando del general Ignacio Agramonte, y los chinos ya lo tenían cansado. Muchas veces los oficiales y los soldados no se entendían, y por tanto se daban actos de indisciplina.

Entonces el coronel le pide una entrevista a Agramonte. Cuando el coronel se acerca a la tienda de campaña, Agramonte ya sabe para qué viene.

"Coronel, usted estará muy orgulloso de su batallón", le dice el general apenas entran a la tienda de campaña. "Ese batallón heroico que tanto lo quiere como jefe". El general Agramonte empieza a elogiar a los chinos, de cuánto quieren a su jefe, su actitud heroica en esta batalla y aquella, y qué buenos combatientes son. Seguramente el coronel no le dijo nada de su motivo original, que era pedir que lo trasladaran, porque ya los chinos lo tenían harto.

Hay un hecho que también ilustra el nivel de participación de los chinos en las guerras de independencia.

En 1901, al concluir la última guerra de independencia, se aprobó una constitución. Se incorporó el Artículo 65, según el cual todo extranjero que hubiera combatido 10 años por la libertad de Cuba con las armas en la mano sería considerado cubano por nacimiento. Podía ser hasta presidente de la república. Ese artículo se puso para Máximo Gómez, que había estado al mando del ejército y era dominicano. Pero Máximo Gómez no aceptó la propuesta. Dijo que no, que él era dominicano, que era extranjero. ¡Imagínense, un extranjero!

Esa condición otorgada por el artículo constitucional especial la tenían solamente cuatro personas: el general Máximo Gómez, dominicano; el general Carlos Roloff, que era polaco; y dos chinos, el teniente coronel José Bu y el

Combatientes chinos en la guerra de independencia de 1868–78.

Biblioteca Nacional José Martí

capitán José Tolón (Lai Wa). Ellos habían combatido en las tres guerras. Algunos historiadores plantean que Juan Rius Rivera, que era puertorriqueño, también la tenía, pero eso sigue en disputa. En todo caso, estos ejemplos dicen mucho de la participación que tuvieron los chinos en las guerras de independencia.

KOPPEL: ¿Cuándo se terminó el sistema de trabajo por contrato?

SÍO WONG: "Buen trato" para los chinos, "que la religión y la humanidad exigen", era lo que recomendaba una Real Orden que dictó la reina Isabel II en 1847. La orden también aconsejaba mantener separados a los chinos de los negros.

El Consejo Real en 1857 dictó un tope al número de chinos que podían ser traídos a Cuba. Ya en 1860, por las presiones de otras potencias extranjeras en China, España tuvo que aceptar que se prohibiera el tráfico de trabajadores chinos por contrato hacia el continente americano. Pero en realidad siguieron trayendo mano de obra china por contrato hasta 1874.

Durante la guerra cubana de independencia, a la corona española le inquietó el papel de los chinos en el ejército libertador. Así que en 1871 la corona emitió otro Real Decreto. Decía que por "las dificultades" y "graves perjuicios" causados por inmigrantes que habían violado "su compromiso", los trabajadores chinos estaban atentando contra "el orden público" y ayudando a "los enemigos de la nación". Por tanto, en interés de "la tranquilidad", se suspendía el tráfico a Cuba de los trabajadores chinos por contrato.

El 17 de noviembre de 1877, España firmó con China el Acuerdo de Pekín, por el cual quedó extinguida en Cuba la criminal trata de trabajadores chinos por contrato. Pero en Cuba el acuerdo no se divulgó sino hasta que fue publicado en *La Gaceta de La Habana* el 29 de junio de 1879.

HAWKINS: ¿Cómo se desarrollaron los barrios chinos en La Habana y otras ciudades cubanas?

SÍO WONG: Los chinos que cumplían sus ocho años de contrato quedaban en libertad. En su mayoría sobrevivían como vendedores ambulantes. Vendían frutas, hortalizas, frituras, otras cosas. Estos vendedores crearon los primeros barrios chinos. Había pequeños restaurantes y puestos de ventas en la parte de La Habana donde hoy están las calles Zanja y Rayo. Ahí fue creciendo un barrio chino, donde se hablaba chino y español. Se fundaron varios periódicos en chino. En 1867, miembros de esa comunidad crearon la primera sociedad china, Kit Yi Tong.

El barrio chino llegó a ser el más importante de América Latina. Superado en América solo por el de San Francisco.

Formación de la comunidad china

WATERS: ¿Cuál era la distribución geográfica de la población china?

SÍO WONG: Al principio los chinos se concentraron en las provincias de mayor desarrollo de la industria azucarera: La Habana, Matanzas, Villa Clara y Oriente. Pero después se extendieron a todas las provincias y ciudades.[20]

La mayoría de los chinos se dedicaban fundamentalmente al comercio. Servicios gastronómicos, lavanderías y una serie de servicios de ese tipo. Si no triunfaba en Las Tunas, seguía para Camagüey o para otra parte. Como hizo el padre de Chui. Así los chinos se fueron distribuyendo por todo el país.

WATERS: Casi todos los chinos que llegaron como trabajadores por contrato eran hombres; he leído que en algunos años fueron más del 99 por ciento. Esto habrá tenido un gran impacto en el desarrollo de la comunidad china.

20. Ver el mapa en la página 29 que muestra la distribución de la población china en Cuba.

Biblioteca Nacional José Martí

El Barrio Chino en La Habana, finales del siglo XIX.

SÍO WONG: Esa es evidentemente una razón por la que se fueron ligando mucho con las mujeres criollas. Muchos de esos chinos se casaron con cubanas. En el caso de los chinos no se mantenían tanto las presiones contra los matrimonios mixtos como se ve en otras comunidades, entre los judíos, por ejemplo.

En mi familia sucedió algo interesante. Nosotros somos 14 hermanos: seis hembras y ocho varones. Mi mamá exigió que todas las hembras se tenían que casar con hijo de chino y china. Ninguna podía casarse con un hijo de chino y cubana. Tenía que ser hijo de chino y china. Así fue. Y todos los varones nos casamos con cubanas.

WATERS: ¿Cuánta inmigración china a Cuba hubo después de 1874, cuando prácticamente se terminó el trabajo por contrato?

SÍO WONG: Se redujo. Pero por la situación imperante en China —un país atrasado, semicolonial, donde los grandes hacendados, los caudillos militares y los imperialistas extranjeros explotaban de manera criminal a millones de campesinos y trabajadores— muchos chinos emigraban desesperados a Cuba y a distintos países en busca de mejores condiciones.

Discriminación contra los chinos

WATERS: ¿Qué tipo de discriminación y racismo enfrentaban los chinos?

CHUI: Había muchas cosas. Por ejemplo, yo me acuerdo que había un refrán que decía "Chino Manila pa' Cantón". Cuando nos veían por ahí decían, "Chino Manila pa' Cantón". Como para decir, "Vete de aquí, regresa para Cantón". ¿Te acuerdas de eso, Sío?

SÍO WONG: Sí, sí.

CHUI: Así nos veían algunas personas.

KOPPEL: ¿Por qué les gritaban "Chino Manila"? ¿A qué se refería?

SÍO WONG: Algunos trabajadores por contrato llegaban a través de Filipinas, que entonces también era colonia española. Esa frase de "Chino Manila" era un término despectivo para referirse a todos los chinos.

CHUI: Me acuerdo que también nos decían, "¡Narra, oye, narra!"

SÍO WONG: Llamar "narra" a un chino en Cuba equivale a decirle *nigger* a una persona negra en Estados Unidos. En Cuba, la palabra despectiva para los negros era "niche". Al negro le decían "niche" y al chino le decían "narra" Era insultante.

Había discriminación contra los negros. Y había discriminación contra los chinos. Había lugares donde no podían entrar ni negros ni chinos. La discriminación racial también tenía formas económicas.

WATERS: ¿Por ejemplo?

SÍO WONG: Desde el punto de vista del acceso a la educación. Aquí había escuelas privadas, universidades privadas, y no tenían acceso. Y había clínicas privadas donde la atención era mejor que los servicios médicos a los que tenían acceso los pobres.

CHUI: Había incluso clubes élite. Está el caso del dueño del Hotel Rosita, por ejemplo. Era millonario, pero era mulato y no lo dejaban entrar a un club. El mismo tipo, durante la época de Batista, hizo un club social para mulatos y negros, el Club Alfonso, pero después no dejaban entrar a los negros, ¡nada más a los mulatos que no parecieran mulatos!

SÍO WONG: Había lugares élite donde no se veía el negro. Pero el chino tampoco podía estar. Aquí había playas, como por ejemplo Tarará, en las afueras de La Habana, donde no podían entrar ni chinos ni negros. Ni pobres.

"La corona española trajo a trabajadores chinos por contrato como alternativa a los esclavos africanos. Entre 1848 y 1874, unos 141 mil salieron de China para Cuba, y un número similar fue a Estados Unidos. En 1870 Cuba tenía una población de 1.4 millones, mientras que Estados Unidos tenía 38 millones".

1. Contrato en 1861 para trabajadores chinos en servidumbre, impreso en chino (en el fondo) y español.

2. Trabajadores chinos construyen ferrocarril en Estados Unidos, mediados del siglo XIX. Luego, miles emigraron de Estados Unidos a Cuba.

3. Esclavos en Cuba cortan caña.

Biblioteca Nacional José Martí

Biblioteca del Congreso

1. Soldados del ejército emancipador cubano, 1898.

2. Combatientes independentistas cubano-chinos. Muchos de los soldados chinos en la primera guerra cubana de independencia eran trabajadores de servidumbre que se habían fugado.

3. Monumento en La Habana a combatientes chinos en guerras de independencia. En la base se cita al general Gonzalo de Quesada: "No hubo un chino cubano desertor. No hubo un chino cubano traidor".

“En la guerra cubana de independencia participaron miles de chinos. Dicen que de estos no hubo un solo desertor, un solo traidor”.

Ismael Francisco/Granma

4. Ramón Estrada, quien combatió en la guerra independentista de 1895–98. Su padre era chino, su madre cubana.

5. El capitán José Tolón (Lai Wa), uno de cuatro combatientes nacidos fuera de Cuba que, por su participación en las tres guerras de independencia, ganaron el derecho de postularse para presidente de la nueva república.

"En Cuba antes de la revolución había discriminación contra los negros y los chinos. Además, la población china estaba dividida en clases: había ricos y pobres".

Biblioteca Nacional José Martí

A finales del siglo XIX, tras el fin del trabajo por servidumbre, crecieron comunidades chinas en toda Cuba. La mayoría de los chinos se dedicaban a pequeños negocios. Algunos llegaron a ser muy ricos.

1. Recepción en Cámara del Comercio Chino, La Habana, para ministro del gobierno chino, años 40. En el cuadro al fondo: Chiang Kai-shek, Franklin Roosevelt, Winston Churchill y Sra. Chiang Kai-shek en El Cairo, 1943.

2. Vendedor ambulante chino en La Habana, fines de los 40 o inicios de los 50.

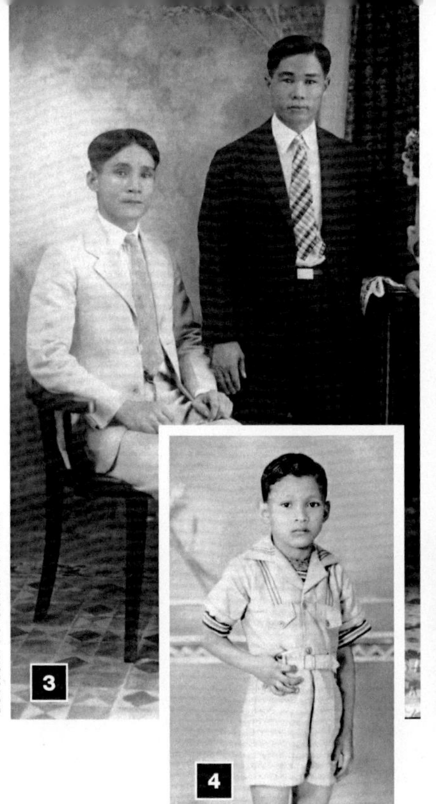

Cortesía de Gustavo Chui

Cortesía de Armando Choy

3. El padre y el tío de Gustavo Chui: José Chui (izq.) y Rafael Wong.
4. Chui (recuadro) a los 6 años, 1944.
5. Armando Choy a los 12 años con su padre Armando, 1946.
6. Moisés Sío Wong (cuarto de la izq.) a los 6 años con sus hermanas Orquídea y Sofía, su hermano Julio y sus padres Santiago y Julia, 1944.

Cortesía de Moisés Sío Wong

“El barrio chino en La Habana llegó a ser el más importante en América Latina, superado en América solo por el de San Francisco”.

Fotos: Bohemia

1. Lavandería en La Habana, finales de los años 40. “Los chinos que cumplían sus contratos en las plantaciones”, explicó Sío Wong, se extendieron a todas las provincias y ciudades. La mayoría se dedicaron a pequeños comercios: restaurantes, lavanderías, servicios de ese tipo”.

2. En los años 40 y 50 se publicaban en Cuba cuatro diarios en idioma chino. En la foto, clientes de un comedor leen el *Man Sen Yat Po,* periódico del Partido Kuomintang en Cuba, 1949.

3. Un comercio en el Barrio Chino de La Habana, 1952.
4. Tienda china de verduras, La Habana, 1949.
5. Festival callejero tradicional en La Habana, años 40.

Bohemia

Fotos: Granma

"Fuimos adquiriendo conciencia de lo injusto del régimen de Batista. Cuando se fundó el Movimiento 26 de Julio, nos incorporamos".

Bohemia

Granma

1. El 10 de marzo de 1952, Fulgencio Batista impuso una brutal dictadura respaldada por Washington. En la foto: Batista y soldados el día del golpe.

2. Fidel Castro organizó un movimiento revolucionario para derrocar a la tiranía, el cual asaltó el cuartel Moncada en Santiago de Cuba el 26 de julio de 1953. En la foto: Castro y otros combatientes capturados son llevados a prisión.

3. Armando Choy (al frente, izq.) en protesta estudiantil contra la dictadura de Batista en Santa Clara, 20 de mayo de 1957. La marcha fue disuelta por la policía. Choy y otros fueron arrestados ese día.

4. Policía ataca manifestación estudiantil en La Habana, noviembre de 1956.

5. Gerardo Abreu (Fontán) y **6.** Ñico López, dirigentes en La Habana de las Brigadas Juveniles del Movimiento 26 de Julio, ayudaron a reclutar a Sío Wong al movimiento revolucionario.

3

Cortesía de Armando Choy

Bohemia

4

5

6

Cortesía de Moisés Sío Wong

"'Fidel, ¡hasta un chino hay aquí!' Ese fue mi recibimiento cuando llegué a la Sierra Maestra".

—MOISÉS SÍO WONG

1

Cortesía de Moisés Sío Wong

2

Cortesía de Gustavo Chui

3

Cortesía de Armando Choy

Fotos: Granma

Durante la guerra revolucionaria de 1956–58, miles de jóvenes trabajadores, campesinos y estudiantes se sumaron al Ejército Rebelde y al Movimiento 26 de Julio para luchar contra la dictadura de Batista.

1. Moisés Sío Wong tras el combate de Placetas, 24 de diciembre de 1958.

2. Gustavo Chui (izq.) con tanquistas del Ejército Rebelde en las afueras de La Habana, poco después del triunfo revolucionario.

3. Armando Choy (de pie, segundo de la derecha) con otros combatientes del Ejército Rebelde cerca de Fomento, finales de 1958.

4. Sergio González (derecha), conocido como El Curita, dirigente del Movimiento 26 de Julio en La Habana. Aquí aparece en la imprenta donde se producía el periódico revolucionario clandestino. En febrero de 1958 Fidel Castro envió a Sío Wong a La Habana para transmitirle a González la orden de subir a la sierra. El Curita insistió en quedarse y días más tarde fue asesinado por la policía.

5. Fidel Castro y columnas victoriosas del Ejército Rebelde entran a Santiago de Cuba, 1 de enero de 1959. Esa noche Gustavo Chui formó parte de la custodia del mitin donde Castro habló ante decenas de miles de personas.

“Cuál fue la principal medida en Cuba para eliminar la discriminación contra los chinos y los negros? Fue hacer la revolución socialista”.

Gilberto Ante

Henry Wallace

La reforma agraria de 1959 y la campaña de alfabetización de 1961, así como el decreto de marzo de 1959 que prohibió la discriminación racial, fueron profundas medidas que definieron el curso proletario de la revolución.

1. Fidel Castro y María de la Cruz Sentmanat, ex esclava de 106 años de edad, que aprendió a leer y escribir durante la campaña de alfabetización.

2. Playa habanera que antes era “solo para blancos”. Una de las primeras medidas de la revolución fue abrir los espacios públicos a todos.

3. Miembros de la Alianza Nueva Democracia China, organización de cubano-chinos revolucionarios, en acto de apoyo a la nacionalización de propiedades capitalistas norteamericanas, 10 de julio de 1960.

4. Concentración de masas en el Barrio Chino de La Habana por el 11º aniversario de la Revolución China, 2 de octubre de 1960.

“Toda Cuba se puso en función del esfuerzo de Angola. Considerábamos que era vital”.

1

Granma

2

Cortesía de Armando Choy

3

Cortesía de Moisés Sío Wong

Cortesía de Gustavo Chui

4

Cortesía de Gustavo Chui

5

En noviembre de 1975, el gobierno angolano pidió ayuda a Cuba para derrotar una invasión sudafricana. Unos 375 mil combatientes voluntarios cubanos participaron en esa misión de 16 años, junto a combatientes angolanos y namibios. Asestaron una aplastante derrota al ejército sudafricano en Cuito Cuanavale en 1988.

1. Raúl Díaz Argüelles, primer jefe de la misión cubana en Angola, muerto por una mina antipersonal en las primeras semanas. Una cuarta parte de los cubanos caídos en Angola eran oficiales.

2. Armando Choy (centro) en Angola, marzo de 1981. A su lado, un combatiente namibio (segundo de la derecha) y el general Ramón Pardo Guerra (extrema derecha).

3. Moisés Sío Wong (2º de la izq.) dirige operativo, norte de Angola, 1976.

4. Gustavo Chui (al frente) pasa revista a unidad cubana, Luanda, 1987.

5. El jeep de Chui, destruido por una mina antitanque, 5 de marzo de 1988. Chui resultó herido de gravedad y perdió una pierna.

“No luchábamos solo por Angola. La derrota del ejército sudafricano en Cuito Cuanavale aceleró el fin del sistema mismo del apartheid”.

Granma

Margrethe Siem/Militant

1. Derrotado en Cuito Cuanavale, el régimen sudafricano pidió la paz. En la foto: firma de acuerdos en ONU, diciembre de 1988. De la izq.: los ministros sudafricanos de defensa y del exterior Magnus Malan y Pik Botha; Javier Pérez de Cuéllar, secretario general de la ONU; George Shultz, secretario de estado norteamericano; el canciller angolano Afonso Van-Dúnem; António dos Santos França, embajador angolano en Estados Unidos; el canciller cubano Isidoro Malmierca y el general cubano Abelardo Colomé.

Jon Hillson/Militant

Mary-Alice Waters/Militant

2. El 11 de febrero de 1990, menos de dos años después de la firma de los acuerdos, Nelson Mandela fue liberado tras 27 años de prisión. Namibia declaró su independencia el mes siguiente. Aquí, concentración en Johannesburgo recibe a Mandela tras su excarcelación, 17 de marzo de 1990.

3. El nuestro fue "un ejército revolucionario del pueblo", integrado tanto por hombres como mujeres, dijo el general de ejército Raúl Castro. Aquí, combatientes de unidad antiaérea femenina tras su regreso a La Habana, mayo de 1989.

4. Mandela y Fidel Castro en Matanzas, Cuba, 26 de julio de 1991. "Nosotros en África estamos acostumbrados a ser víctimas de países que quieren desgajar nuestro territorio o subvertir nuestra soberanía", dijo Mandela. "En la historia de África no existe otro caso de un pueblo que se haya alzado en defensa nuestra".

“Quizás un día haya que hacerle un monumento al Período Especial”. —FIDEL CASTRO

Con el derrumbe de los regímenes en la Unión Soviética y Europa oriental en 1989–91, Cuba perdió el 85 por ciento de su comercio exterior. Sobrevino una devastadora crisis económica conocida en Cuba como el Período Especial. Millones de trabajadores, agricultores y jóvenes se organizaron para afrontar los desafíos. Para 1996 se había frenado lo peor de la crisis.

Cortesía de Moisés Sío Wong

Cortesía de Armando Choy

1. A finales de 1991 se inició un programa de agricultura urbana que convirtió terrenos baldíos en huertos de hortalizas. Raúl Castro (centro) en organopónico experimental en La Habana, 27 de diciembre de 1987. A la derecha está Ana Luisa Pérez, agrónoma pionera de esta forma de producción. En camisa a cuadros, Esteban Lazo; en primer plano, izquierda, Vilma Espín.

2. A pesar de las severas escaseces, durante el Período Especial se afrontaron importantes desafíos como la contaminación de la Bahía de La Habana.

Jonathan Silberman/Militant

Ángel González Baldrich/Granma

Algunas de las medidas durante el Período Especial llevaron a mayores desigualdades sociales, socavando la solidaridad social. Entonces en 1999 se lanzó la Batalla de Ideas, encabezada por la Unión de Jóvenes Comunistas (UJC), para organizar nuevas oportunidades educativas y culturales para jóvenes en todo el país.

3. Clases preuniversitarias para obreros del central azucarero Camilo Cienfuegos, provincia de La Habana, enero de 2003. Decenas de miles de trabajadores y jóvenes reciben salario mientras estudian.

4. La UJC movilizó a jóvenes para renovar y construir escuelas en toda la isla, permitiendo reducir el número de alumnos por aula y mejorar la calidad de los cursos.

“Nos defendemos con nuestras propias fuerzas y medios, basados en que cada cubano tenga un arma: un fusil, una mina, una piedra. Es la guerra de todo el pueblo”.

Marcha en La Habana frente a la Sección de Intereses de Estados Unidos, marzo de 2004. La pancarta muestra la connotada foto de cómo Washington trató de forma degradante a reclusos en la prisión de Abu Ghraib, Iraq.

Otra era Brisas del Mar, al este de La Habana. Era una playa privada y no se podía entrar.

En la zona de Miramar en La Habana, había una policía especial privada que pagaban los ricos. Por la noche patrullaban y a cualquiera le exigían, "Su identificación, ¿qué usted hace por aquí?"

Esa discriminación en el caso de los negros era más ostensible. En Santa Clara, por ejemplo, estaba el parque donde los negros se paseaban por un lado y los blancos por el otro. Los chinos podían pasearse con los blancos. Pero aun dentro de eso el chino era discriminado también. Choy contaba que no dejaron entrar a su amigo a un club con su novia, porque era solo para blancos.

Entonces había discriminación contra los negros y los chinos. También había discriminación de sexo. Había discriminación del pobre.

Divisiones de clase en la comunidad china

WATERS: ¿Cuál era la estructura de clases de la población china?

SÍO WONG: Una gran parte eran comerciantes. La colonia china no era nada homogénea. Estaba dividida entre ricos y pobres. Había incluso comerciantes muy ricos, con un poder económico fuerte. Había un banco chino. Había una cámara de comercio china. Había chinos millonarios.

Había un millonario que se hizo una casa aquí en La Habana al lado del río Almendares; ahora es el restaurante Pavo Real. Dicen que es una copia exacta de una casa en Hong Kong, al lado del río Perla, que era de su padre. Él mandó a los arquitectos a Hong Kong y la copiaron exactamente. Ahí todavía está la casa.

También estaban los chinos más pobres, los vendedores ambulantes de menores recursos, etcétera.

Cuando se habla de discriminación, los chinos estábamos discriminados aquí también. Pero yo digo que había más discriminación de los ricos contra los pobres.

WATERS: Durante los primeros 60 años del siglo XX, después de lo que se conoce en Estados Unidos como la Guerra Hispano-Americana, Washington era la potencia imperialista dominante en Cuba. ¿Cómo afectó eso a la comunidad china?

SÍO WONG: Había una gran influencia del gobierno norteamericano en el gobierno cubano durante esas décadas. Nosotros fuimos una república mediatizada en un sistema capitalista, en la cual el embajador de Estados Unidos dictaba la política a seguir. Sumner Welles, el embajador de Franklin Delano Roosevelt en la década de 1930, era famoso por imponer aquí los intereses de Washington. La misión militar norteamericana tenía una gran influencia en el ejército cubano.

El dominio de Estados Unidos se reflejaba en la influencia que la dictadura de Chiang Kai-shek, apoyada por el gobierno norteamericano, tenía en esa época en la colonia china aquí. Chiang Kai-shek encabezó a las fuerzas contrarrevolucionarias que huyeron a Taiwán después de que fueron derrocadas por la Revolución China en 1949. En Cuba, su partido, el Kuomintang o Partido Nacionalista, era dirigido por un grupo de comerciantes adinerados y ejercía bastante influencia en la comunidad china. Antes de 1959, el Kuomintang ejercía su influencia en el Casino Chung Wah,[21] que agrupaba a todas las sociedades chinas.

Después de 1949 el gobierno cubano tenía relaciones diplomáticas con Taiwán y no con Beijing, y ese consulado chino jugaba su papel en la colonia china. Su oficina estaba al lado de la del presidente del Casino Chung Wah en La Habana.

21. Casino en este caso quiere decir club social.

Como decía, la población china aquí estaba dividida entre ricos y pobres. Para la parte adinerada, el impacto de la dominación e influencia norteamericana no era muy diferente de lo que significaba para la oligarquía cubana en general.

Con el triunfo de la revolución en 1959, se produjo una polarización igual que en toda la sociedad cubana. Los ricos comerciantes y empresarios chinos, y algunos pequeños comerciantes, se fueron del país. Pero la mayoría de la población se integró a la revolución. La Sociedad del Kuomintang, que estaba afiliada al Partido Kuomintang en Taiwán, dejó de existir. Su sede y la dirección del Casino Chung Wah fueron ocupadas por revolucionarios. En septiembre de 1960 Cuba rompió relaciones con Taiwán y reconoció oficialmente a la República Popular China, el primer país de América Latina en hacerlo.

WATERS: ¿Adónde se fueron los chinos que abandonaron Cuba?

SÍO WONG: Algunos para Taiwán. Muchos para Estados Unidos, Canadá, Centroamérica, otros países.

WATERS: En Nueva York todavía hay muchos restaurantes cubano-chinos, que se crearon después de 1959.

SÍO WONG: Sobre ese tema hay una anécdota muy cómica. En 1988 se firmó en Naciones Unidas, en Nueva York, el acuerdo para el cese de la guerra de Angola y para la independencia de Namibia.[22] Un grupo de generales cubanos que habían participado en la defensa de Angola contra la invasión sudafricana fueron a Nueva York para la firma.[23]

Entonces un día algunos de ellos quisieron comer comida china, y un compañero de la misión cubana ante la ONU los

22. Ver la segunda parte del libro.

23. Los seis generales que fueron a Nueva York para la firma eran Abelardo Colomé, Leopoldo Cintra Frías, Ramón Espinosa, Víctor Schueg, Rafael Moracén y Pascual Martínez Gil.

llevó a un restaurante en el barrio chino. Ahí varios compañeros, con su mal inglés, trataron de pedir comida pero estaban pasando mucho trabajo.

Al final, el mesero le dijo a uno en un español perfecto, "Chico, no pases más trabajo. Soy cubano".

Después de 1959

HAWKINS: ¿Cuál fue la principal medida que se tomó después de 1959 para combatir la discriminación contra los chinos y los negros?

SÍO WONG: La medida principal fue hacer la revolución. No fue una medida específica, aunque sí hubo algunas muy importantes, como cuando se prohibió la discriminación en el empleo, y las playas se convirtieron en propiedad pública y se abrieron a todos.[24]

Se hizo la revolución precisamente para acabar con las desigualdades. Para que hubiera justicia social. Para eliminar la discriminación de los negros, de la mujer y del pobre. Para cerrar la brecha entre los pobres y los ricos.

KOPPEL: He oído de una unidad cubano-china que ayudó a llevar a cabo las nacionalizaciones de las propiedades capitalistas en 1960, y que en los primeros años de la revolución desempeñó un papel decisivo en la eliminación de la droga, la prostitución y el juego en el barrio chino de La Habana. ¿Es cierto?

SÍO WONG: Fue la Brigada José Wong, que formaba parte de las Milicias Nacionales Revolucionarias. Se constituyó a principios de 1960. José Wong había sido un joven revolucionario

24. El 22 de marzo de 1959, en lo que llegó a conocerse como la "Proclama contra el racismo", el primer ministro Fidel Castro enunció las primeras medidas que estaba adoptando el gobierno revolucionario para prohibir la discriminación racial en Cuba. Se publicó al día siguiente en el periódico *Revolución*.

que llegó a Cuba desde Cantón a comienzos de los años 20 por razones económicas. Aquí en Cuba fue un luchador revolucionario contra la dictadura de Machado, junto con Julio Antonio Mella y Rafael Trejo, y se integró al Partido Comunista. En 1930 lo cogieron preso y lo asesinaron en la prisión del Príncipe en La Habana.

En los primeros días de la revolución, nuestro pueblo en general formó unidades de milicianos en distintos sectores. Estaban las milicias estudiantiles en las universidades, las milicias obreras en las fábricas, las milicias campesinas en el campo. En el barrio nuestro de San Lázaro creamos una milicia que llevaba el nombre Pepe Valladares, un mártir de allí, caído en la lucha contra Batista. El número de unidades milicianas siguió creciendo, y a finales de 1959 comenzaron a unificarse en las Milicias Nacionales Revolucionarias.

La Brigada José Wong, que hizo las cosas que mencionaste, participó también en los combates de Playa Girón en 1961.[25]

KOPPEL: ¿Cuál es la situación actual de la comunidad china en Cuba?

SÍO WONG: Deben quedar hoy unos 300 chinos naturales en Cuba. No hubo mucha inmigración después del triunfo de la revolución en 1959, así que los que quedaron han ido envejeciendo.

Las sociedades como el Casino Chung Wah se han dedicado a rescatar las tradiciones culturales de la comunidad china. Pero ha sido difícil, ya que prácticamente todos los hijos de chinos están completamente integrados a la sociedad cubana. Hemos tratado de aglutinarlos, pero indudablemente no es lo mismo que en otros países. Las sociedades históricas tienen 40 o 50 socios, y ahora las han abierto a la tercera, cuarta, quinta y hasta sexta generación de asociados para hacerlas un poco más grandes. Pero sí se mantienen. Uno puede

25. Ver glosario, Playa Girón.

REPUBLICA DE CUBA
MINISTERIO DE LAS FUERZAS ARMADAS REVOLUCIONARIAS
MILICIAS NACIONALES REVOLUCIONARIAS
CUERPO AUXILIAR DE LAS F. A. R

Dir Nac Mil Revs, La Habana Nov 1ro 960
"AÑO DE LA REFORMA AGRARIA"

Del :- Dir Nac Mil Revs
Al :- Quien pueda interesar

Ast :- AUTORIZACION

1- Inf que el responsable de la Milicia de la China Popular (Brigada José Wong) Miliciano PEDRO ENG, está debidamente autorizado por esta Dir Nac Mil Revs, para reunir a todos los milicianos chinos que radican en las distintas milicas así como también a los milicianos decendientes de chinos para que integren las filas de dicha brigada.

De Ud. Revolucionariamente

Rogelio Acevedo González
Cptán ER Dir Nac Mil Revolucionarias

RAG/tmp

Frente a crecientes amenazas de Washington, el pueblo trabajador cubano se organizó en milicias populares para defender la revolución.

Arriba: Miembros de la milicia del sindicato de trabajadores del comercio minorista en 1959. A la derecha está su subresponsable, Pedro Eng.

Abajo derecha: Carta en noviembre de 1960 de Rogelio Acevedo, jefe de las Milicias Nacionales Revolucionarias, autoriza que Eng organice la Brigada José Wong con milicianos de ascendencia china. Esta jugó un papel destacado en poner fin al dominio de capitalistas cubano-chinos sobre el Barrio Chino de La Habana y erradicar los negocios de drogas, prostitución y juego que ellos controlaban.

Abajo izquierda: José Wong, cuyo nombre la brigada adoptó, fue un revolucionario cubano, nacido en China, asesinado en 1930 por la dictadura de Machado.

ver sus edificios en el barrio chino de La Habana.

WATERS: Uno de los proyectos de la Asociación de Amistad Cuba-China, que usted preside, es la restauración del barrio chino de La Habana. ¿Es algo reciente?

SÍO WONG: En 1993 un grupo de descendientes chinos se acercó a la Asociación de Amistad Cuba-China solicitando apoyo para el proyecto de rescate del barrio chino. Así surgió el Grupo Promotor del Barrio Chino. El proyecto tiene dos grandes objetivos. Uno es el rescate de las tradiciones, el arte y la cultura chinas en Cuba. El otro es la reactivación del barrio chino en La Habana en su aspecto económico y comercial.

Desde el punto de vista cultural se han logrado avances importantes. La Casa de Artes y Tradiciones Chinas celebra exposiciones, concursos literarios y de artes visuales, danza, música, teatro. Hasta ofrece la enseñanza del idioma chino.

El proyecto de rescate recibió el apoyo de las distintas sociedades chinas en toda la isla, entre ellas el Casino Chung Wah, el centro principal de la comunidad china.

Por otra parte, la embajada de la República Popular China en Cuba también ha brindado su apoyo. El pórtico a la entrada del barrio fue donado por el viceprimer ministro chino Li Lang Chin.

Actualmente el Grupo Promotor trabaja bajo la dirección de la Oficina del Historiador de la Ciudad de La Habana, el compañero Eusebio Leal. Es la oficina a cargo del enorme proyecto de restaurar a La Habana Vieja, y ellos están en mejores condiciones para llevar adelante tan ambicioso proyecto, en el que la Asociación de Amistad Cuba-China continuará brindando todo su apoyo.

El ejemplo de Cuba

WATERS: En otros países de América Latina y en Estados Unidos hay minorías chinas. Pero las condiciones en que viven y trabajan son muy distintas de las de Cuba hoy. ¿Cómo ve los cambios que han ocurrido durante su vida?

SÍO WONG: En 1999 se dio aquí un encuentro internacional sobre la diáspora china. Se hizo a iniciativa de la Sociedad Internacional para el Estudio de los Chinos de Ultramar (ISSCO). El presidente de la sociedad, Wang Gungwu, que vive en Singapur, y un profesor de California, Ling-chi Wang, iniciaron ese encuentro. Fue patrocinado por la Universidad de La Habana y hubo representantes de colonias chinas de distintos países. Muchos llegaron de Estados Unidos, de Canadá, del Sudeste asiático.

Recuerdo que el presidente y su esposa me preguntaron, "¿Cómo es que usted, siendo hijo de chinos, ocupa un alto cargo en el gobierno, es diputado a la Asamblea Nacional, es general de las fuerzas armadas? ¿Cómo es posible?"

La respuesta no está en esa gran participación de los chinos en las guerras de independencia. Eso hay que estudiarlo también, ya que eso no se dio en ningún otro país donde habían llevado a trabajadores chinos por contrato. Pero aquí también, antes del triunfo de la revolución, los chinos éramos discriminados.

¿Cuál es la diferencia en las experiencias entre los chinos en Cuba y los de otros países de la diáspora? La diferencia es que aquí se llevó a cabo una revolución socialista. La revolución eliminó la discriminación por el color de la piel. Eso es porque, ante todo, pusimos fin a las relaciones de propiedad que crean la desigualdad no solo económica sino social entre el rico y el pobre.

Es lo que hizo posible que el hijo de un chino pudiera ser representante del gobierno, que pudiera ser cualquier cosa. Aquí se acabó la discriminación: del negro, del chino, de la mujer y del pobre. Aquí los cubanos de ascendencia china estamos integrados.

A los historiadores, y a otros que quieran estudiar esta cuestión, yo les digo que tienen que entender que la comunidad china aquí en Cuba es distinta de la de Perú, Brasil, Argentina o Canadá.

Y la diferencia está en el triunfo de una revolución socialista.

SEGUNDA PARTE

Fortaleciendo la revolución

Combatientes cubanos y angolanos celebran captura de tanque sudafricano en batalla de Cuito Cuanavale, Angola, 1988.

La misión internacionalista cubana en Angola, 1975–91

Entre noviembre de 1975 y mayo de 1991, unos 425 mil voluntarios cubanos cumplieron misión en Angola en respuesta a la solicitud del gobierno angolano. Ayudaron a defender ese país, recién independizado, de una década y media de agresiones militares, incluidas dos invasiones de envergadura, por parte del régimen supremacista blanco de Sudáfrica y sus aliados africanos, apoyados por Washington. Entre los voluntarios hubo 375 mil combatientes y 50 mil médicos, maestros y otros trabajadores civiles.

La gesta internacionalista se llamó Operación Carlota, por la heroína cubana Carlota, nacida en África y esclavizada en Cuba, quien en 1843 encabezó una sublevación en la provincia azucarera de Matanzas.

El régimen sudafricano lanzó la primera invasión en octubre de 1975, cuando sus tropas cruzaron la frontera sur de Angola. Al mismo tiempo, fuerzas de la dictadura de Mobutu en Zaire y del Frente Nacional para la Liberación de Angola (FNLA), apoyadas por Washington, bajaron desde el norte.[1] Pretendían tomar la capital, Luanda, antes del 11 de noviembre —cuando el país iba a proclamar su independencia del dominio portugués— e impedir

1. Entre 1971 y 1997 la República Democrática del Congo se llamó Zaire. Ver el glosario: FNLA, MPLA, UNITA.

Angola, noviembre 1987–abril 1988

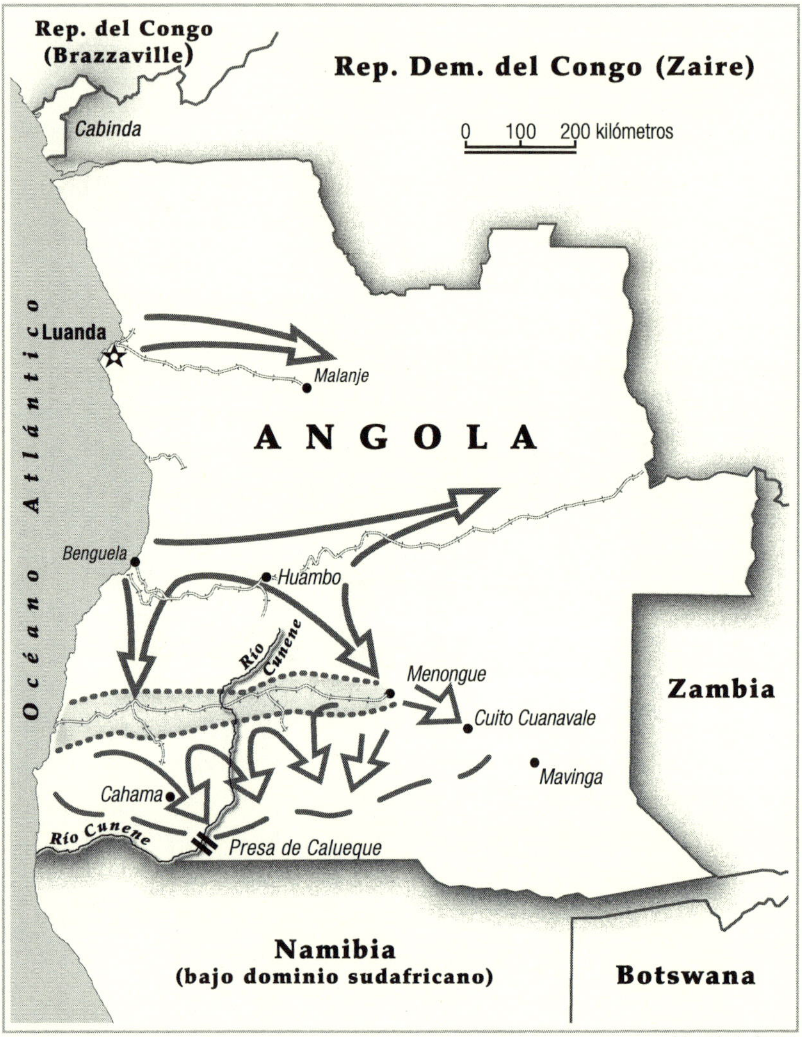

Rep. del Congo (Brazzaville)

Rep. Dem. del Congo (Zaire)

Cabinda

0 100 200 kilómetros

Luanda

Malanje

Océano Atlántico

ANGOLA

Benguela

Huambo

Río Cunene

Menongue

Cuito Cuanavale

Zambia

Mavinga

Cahama

Río Cunene

Presa de Calueque

Namibia (bajo dominio sudafricano)

Botswana

Adaptado de *Granma*

Flechas denotan movimiento de fuerzas cubanas-angolanas-SWAPO.

Posiciones de tropa cubana, noviembre de 1987.

Posición de avance de la tropa cubana-angolana-SWAPO, abril de 1988.

la instauración de un gobierno dirigido por el Movimiento Popular para la Liberación de Angola (MPLA).

A solicitud urgente de la dirección del MPLA, miles de combatientes internacionalistas cubanos fueron movilizados rápidamente a Angola por barco y avión. Fueron decisivos para repeler a los invasores. Ya para marzo de 1976 las últimas tropas sudafricanas habían sido expulsadas del país.

Durante la década siguiente, el régimen del apartheid y la UNITA (Unión Nacional para la Independencia Total de Angola), grupo apoyado por el imperialismo, libraron una guerra sangrienta contra el gobierno angolano que dejó un saldo de cientos de miles de muertos, mayormente civiles. Unos 2 077 internacionalistas cubanos dieron la vida durante la misión.

En la segunda mitad de 1987 el ejército angolano emprendió una ofensiva mal concebida contra las fuerzas de la UNITA en una zona aislada en el sudeste, lejos de fuentes de reabastecimientos y refuerzos. Lo hicieron siguiendo las orientaciones de los asesores militares soviéticos y contra las recomendaciones de la dirección cubana. El régimen del apartheid, al ver una oportunidad para atrapar y aniquilar las mejores unidades angolanas, envió un gran número de tropas, tanques y aviones a esa zona en apoyo a la UNITA.

En respuesta a la solicitud angolana de ayuda frente a esta situación crítica, la dirección revolucionaria de Cuba nuevamente envió masivos refuerzos en efectivos y armamentos. Lanzó una contraofensiva para poner fin a la intervención sudafricana de una vez por todas. Las fuerzas cubanas detuvieron el ataque a Cuito Cuanavale. Después, junto con soldados angolanos y combatientes de la Organización Popular de África Sudoccidental (SWAPO) de Namibia, atacaron con fuerza abrumadora en el sudoeste de Angola, avanzando casi hasta la frontera namibia y logrando por primera vez el dominio del aire frente a los invasores sudafricanos.

Sudáfrica sufrió una derrota contundente. Obligada a ir a la mesa de negociaciones, acordó la retirada permanente de sus tropas de Angola y aceptó la independencia de Namibia. Los últimos combatientes cubanos se fueron de Angola en mayo de 1991.

Los trabajadores y jóvenes en Sudáfrica que luchaban para derrocar el apartheid recibieron un poderoso impulso. En 1994 el régimen supremacista blanco fue derribado por un masivo ascenso popular. Nelson Mandela, el dirigente del Congreso Nacional Africano que estuvo preso 27 años, fue electo presidente del país en las primeras elecciones después del fin del apartheid.

"¡La aplastante derrota del ejército racista en Cuito Cuanavale constituyó una victoria para toda África!" dijo Mandela durante una visita a Cuba en 1991. "¡Cuito Cuanavale marca un punto álgido en la lucha por librar al continente y a nuestro país del azote del apartheid!" [2]

■

WATERS: En distintos momentos entre 1975 y 1991 los tres de ustedes participaron en la misión internacionalista cubana en Angola. ¿Nos pueden hablar de esta misión y su importancia para Cuba y África?

CHUI: La Revolución Cubana ha cumplido el legado de los internacionalistas en las guerras de independencia y en otras luchas desde entonces. Los generales Máximo Gómez, que

2. Mandela habló el 26 de julio de 1991 en Matanzas, Cuba, junto con Fidel Castro. Ambos discursos aparecen en *¡Qué lejos hemos llegado los esclavos! Cuba y Sudáfrica en el mundo de hoy* (Pathfinder, 1991). Ver también Fidel Castro, Raúl Castro y otros, *Cuba y Angola: Luchando por la libertad de África y la nuestra* (Pathfinder, 2013); y Harry Villegas, *Cuba y Angola: La guerra por la libertad*, (Pathfinder, 2017).

era dominicano; Carlos Roloff, polaco; Luis Marcano, dominicano; Juan Rius Rivera, puertorriqueño, todos pelearon por la independencia de Cuba.

CHOY: Henry Reeve, "El Inglesito".

CHUI: Sí, El Inglesito, que en realidad era norteamericano.

CHOY: Y Thomas Jordan, otro norteamericano, que había peleado en la guerra de secesión del lado de la Confederación.

CHUI: En nuestra historia tenemos muchos internacionalistas que han luchado por nuestra libertad. Nosotros hemos sido consecuentes con ese legado.

Cuando llevamos a cabo misiones en otros países que piden nuestra ayuda, tenemos la oportunidad de hacer lo mismo que hicieron ellos.

Por ejemplo, le prestamos ayuda al Congo, y también a la República de Guinea cuando Sékou Touré era presidente. En diferentes momentos también ayudamos a Guinea-Bissau, Cabo Verde, Somalia, Etiopía, Argelia, Siria, Yemen, Omán, Sierra Leona, São Tomé y Príncipe, Benín, Guinea Ecuatorial y otras naciones de África y el Medio Oriente.[3]

En América podemos mencionar a Nicaragua, Granada, Guyana, e incluso hoy a Venezuela, entre otros países.

Hay que destacar que esta ayuda ha sido de todo tipo: en la salud, la construcción, la educación y la cultura, como también en las misiones militares.

SÍO WONG: Nuestro pueblo tiene ideas socialistas e inter-

3. La historia de algunas de estas gestas se narra en Ernesto Che Guevara, *Pasajes de la guerra revolucionaria: Congo* (Barcelona: Grijalbo-Mondadori, 1999), Víctor Dreke, *De la sierra del Escambray al Congo: En la vorágine de la Revolución Cubana* (Pathfinder, 2002) y los dos tomos de Piero Gleijeses, *Misiones en conflicto: La Habana, Washington y África, 1959–1976* (La Habana: Ciencias Sociales, 2003) y *Visiones de libertad: La Habana, Pretoria y la lucha por el sur de África, 1976–1991* (2015).

nacionalistas. Así nos han educado. ¿Qué otro país puede ofrecer 4 mil, 5 mil médicos para que hagan trabajo voluntario internacionalista cuando le solicitan ayuda? Pero no solamente médicos. También nuestros soldados. Los 375 mil combatientes cubanos que fueron a Angola entre 1975 y 1991 eran todos voluntarios. Puede que eso no se conozca mucho, pero es una realidad.

A cada uno le preguntaban: "¿Usted está dispuesto?"

"No, yo tengo a mi mamá enferma", podría responder alguien.

Se le contestaba: "Ah no, usted no va".

Era un voluntario de verdad. Esa fue una de las condiciones que establecieron el partido y Fidel. ¿Cómo puede uno arriesgar la vida por una causa justa si no es voluntario? No, no hay forma de hacerlo.

La batalla de Cuito Cuanavale

WATERS: Nelson Mandela llamó la batalla de Cuito Cuanavale en 1987–88 un "punto álgido en la historia de África". Sin embargo, fuera de Cuba —y en gran parte de África— la batalla es muy poco conocida.

SÍO WONG: En Cuito Cuanavale a finales de 1987, el enemigo cercó casi totalmente a una agrupación de tropas nuestras y angolanas. Y allí se dio la batalla decisiva. La batalla duró más de cuatro meses, y en marzo de 1988 el ejército sudafricano fue derrotado. Esa derrota marcó el comienzo del fin. Los obligó a sentarse a la mesa de negociaciones. Y ellos aceptaron un acuerdo.

Porque si no, continuaba la ofensiva…

CHUI: …y podía peligrar su estabilidad.

SÍO WONG: Sí. Y gracias a su derrota, se logró la independencia de Namibia y salió Mandela después de 27 años de prisión.

El régimen del apartheid se rompió los dientes en Cuito Cuanavale

Allí en Cuito Cuanavale se rompieron los dientes los sudafricanos. Y todo esto con un mínimo de bajas —¡un mínimo de bajas!— por parte de las fuerzas propias, angolanas y cubanas...

La estrategia cubano-angolana no era simplemente frenar al enemigo en Cuito Cuanavale, sino concentrar las fuerzas y medios suficientes al oeste de nuestras líneas, para avanzar hacia el sur y amenazar puntos claves de las fuerzas sudafricanas... Se acumularon fuerzas suficientes para amenazar seriamente lugares de importancia estratégica para Sudáfrica y propinarle contundentes golpes, en el terreno escogido por nosotros, no por el enemigo...

Llevaron a cabo un puñado de pilotos, en unas pocas semanas, cientos y cientos de misiones. Se hicieron del dominio del aire con los MIG-23, y realmente hay que decir que realizaron una gran hazaña. Eso fue un factor importante.

Para Angola enviamos no solo nuestros mejores pilotos. Enviamos nuestras mejores armas antiaéreas, una gran cantidad de medios antiaéreos portátiles, una buena cantidad de artillería coheteril antiaérea. Reforzamos nuestros medios de combate aéreo; se enviaron cuantos tanques, transportadores blindados y piezas artilleras fueron necesarios... No se le ofreció al enemigo una sola oportunidad, ¡una sola oportunidad!...

De esta forma se crearon las condiciones que dieron oportunidad a las negociaciones.

FIDEL CASTRO, 5 DE DICIEMBRE DE 1988

CHUI: "Se le partió el espinazo al ejército sudafricano", para usar las palabras de Fidel.

SÍO WONG: ¿Cómo es posible que los sudafricanos, con todo su poderío militar y económico, tuvieron que sentarse a la mesa de negociaciones? Desde el punto de vista estratégico, llevamos a cabo una operación de disuasión. Nuestra estrategia fue de concentrar una masa de tanques en el sur de Angola. ¿Cuántos tanques había, Chui? ¿Quinientos, mil? Habría que buscar los datos exactos. Era una fuerza disuasiva, que podía cruzar hacia Namibia y seguir hacia abajo.

El concepto fue siempre echar la batalla con las menores bajas posibles. ¿Cómo lograr eso? Teniendo una superioridad en la correlación de fuerzas.

En un momento de esa operación, nuestras tropas en Angola llegaron a 50 mil hombres, equipados con artillería, tanques, aviación, de los cuales un 80 por ciento estaban desplegados en el sur. Allí hicimos caminos para nuestros tanques y artillería. En solo 10 semanas construimos una pista aérea para que nuestra aviación pudiera darles cobertura en el frente, porque los sudafricanos tenían una gran cantidad de aviones. Hasta ese momento tenían superioridad aérea.

Los dirigentes dan el ejemplo

WATERS: Compañero Chui, ¿cuáles fueron sus responsabilidades en relación con la campaña de Angola?

CHUI: Desde septiembre de 1971 fui segundo jefe de la Décima Dirección de las Fuerzas Armadas Revolucionarias, la unidad de las FAR que se encargaba de la ayuda internacionalista. Yo estaba bajo el mando del comandante Raúl Díaz Argüelles, quien había participado en la guerra de liberación en Guinea-Bissau. En diciembre de 1975, apenas a un mes de comenzada nuestra misión internacionalista en Angola, Argüelles, que comandaba nuestras fuerzas allá, cayó cuando estalló una mina, y yo fui designado jefe de esa dirección.

Como explicaba Moisés, yo también he tenido el honor de trabajar con tres jefes: Fidel, Raúl y Almeida. Almeida fue mi jefe en la sierra y ahora lo es en la Asociación de Combatientes de la Revolución Cubana.

Trabajé con Raúl en el Ministerio de las Fuerzas Armadas Revolucionarias desde muy joven. Él me ha enseñado y educado. En esta institución fui jefe de varias direcciones: Armamentos, Décima Dirección y Cuadros. También fui sustituto del jefe del Estado Mayor General.

Y a partir de septiembre de 1975, por dos años, tuve el honor de participar junto a Fidel y Raúl en el Puesto de Mando Especial para la dirección de nuestras fuerzas en la primera etapa de la ayuda internacionalista al pueblo de Angola. El puesto de mando de la Operación Carlota, según se le conocía, dirigió el envío de fuerzas y aseguramientos, primero a nuestros instructores, luego a nuestras tropas voluntarias.

Adquirí muchas experiencias, y también recibí mis buenos "cocotazos" de Fidel. Pero es así que se aprende y se forman los cuadros de dirección.

KOPPEL: ¿Cuándo estuvo en Angola?

CHUI: Estuve un tiempo breve en 1976, y después cumplí misión de 1986 hasta 1988. Moisés, Choy y yo participamos en Angola.

Pero no solo eso. La mayoría de los oficiales de las fuerzas armadas en esa época cumplieron misiones internacionalistas en países africanos, a veces en más de uno. Adquirimos experiencia de combate, de organización de las tropas, de transportación y aseguramiento logístico. En algunos momentos lo hicimos junto con los soviéticos.

En 1977 participé en la creación de la misión militar en Etiopía. Además integré similares comitivas en Mozambique en 1977, y en Nicaragua en 1979.

En 1986 me nombraron sustituto del jefe de estado mayor de la misión cubana en Angola, cargo que desempeñé hasta diciembre de 1987. En aquel momento fui designado, a solicitud propia, jefe de la Operación 31 Aniversario, que era el refuerzo en tropas y armamento para la batalla de Cuito Cuanavale, que había comenzado en noviembre. Esa operación la organizó y dirigió el comandante en jefe.

SÍO WONG: Les voy a contar una historia que nos dice algo de cómo Fidel dirigió las operaciones en Angola. En 1984 o 1985 Fidel fue a la Unión Soviética para los funerales del secretario general del Partido Comunista, no recuerdo si fue Andrópov o Chernenko.[4] Había una sala llena de mariscales y generales que se preguntaban dónde era que Fidel había estudiado estrategia, arte operativo, arte militar. Veían cómo Fidel había dirigido la guerra en Angola y estaban asombrados. Aún más cuando los oficiales de las FAR en nuestra delegación respondieron, con una sonrisa, que Fidel había estudiado en la academia militar de la Sierra.

Concebir una operación de esa envergadura ¡a 10 mil kilómetros de distancia! Y no era una operación guerrillera. ¡Estábamos dirigiendo una guerra regular! ¿Cómo podía un país pequeño —sin grandes recursos como tiene la Unión Soviética o Estados Unidos— asegurar una operación a esa distancia? ¿Cómo podía derrotar a un ejército como el sudafricano, junto al ejército zairense y a los mercenarios?

Chui es testigo. Él estaba en el puesto de mando donde, noche a noche, Fidel dirigía la operación.

Fidel incluso conocía mejor el terreno que los que estábamos en Angola. "Ponte en el río tal, en la lomita tal", decía en

4. Yuri Andrópov, secretario general del Partido Comunista de la Unión Soviética, murió en febrero de 1984. Fue reemplazado por Konstantin Chernenko, quien murió en marzo de 1985.

sus cables. Es lo mismo que hacía en la Sierra Maestra, que él se la conocía como la palma de la mano. "Fulano, vete y ponte en tal loma", decía. Mandaba un mensaje al Che, a Ramiro [Valdés]: "Ocupa tal posición". En Angola era igual. Le enviaba un mensaje al general Leopoldo Cintra Frías, Polo, el jefe de la misión militar en la etapa final: "Polito, pon tres tanques en el camino tal. No te dejes envolver por el flanco".

WATERS: Numerosos altos oficiales cubanos dieron la vida en Angola. Chui mencionaba a Raúl Díaz Argüelles, su comandante y jefe de la misión en 1975. Raúl [Castro], en uno de sus homenajes a los caídos en combate en Angola, señaló que una cuarta parte eran oficiales. Usted mismo, Chui, fue herido de gravedad. ¿Cómo sucedió?

CHUI: Fue cuando se trasladaba mi brigada de combate para la provincia de Malanje, en el norte de Angola. El 5 de marzo de 1988, yo iba al frente del tercer convoy, donde se trasladaban los medios técnicos. Mi vehículo detonó una mina antitanque reforzada, y volé casi 20 metros. Quedé en estado crítico.

Nuestro comandante en jefe mandó un avión para traerme a Cuba, por la gravedad de mi estado. Luego de mucho batallar, la ciencia médica logró salvarme la vida. Pero tuvieron que amputarme la pierna derecha, que la tenía en muy mal estado. Como es típico, Fidel se interesaba a diario por mi salud, dando indicaciones precisas de cómo actuar. Fui atendido primeramente en el Hospital Hermanos Ameijeiras por un equipo multidisciplinario muy competente. Después fui trasladado para mi recuperación al CIMEQ, el Centro de Investigaciones Médico Quirúrgicas, y terminé mi rehabilitación en el Hospital Militar Carlos J. Finlay.

SÍO WONG: En nuestro ejército el jefe tiene que ser ejemplo. Nosotros le atribuimos a eso mucha importancia. Es igual con el cuadro revolucionario. Eso está en nuestro código de ética de los cuadros. El jefe debe ser un ejemplo.

Eso fue siempre característico del Che. Él era incapaz de dar una orden que no pudiera cumplir personalmente. Y con Raúl y Fidel es igual.

Durante la guerra revolucionaria, como mencioné antes, los compañeros tuvieron que escribirle a Fidel y pedirle que no participara en los combates. Fue igual con Raúl en el Segundo Frente Oriental. Porque Fidel y Raúl se exponían mucho en el combate. Por eso uno los sigue. Es una cualidad que Raúl ha inculcado a nuestros jefes militares. Son los primeros en el combate, primeros en el ejemplo personal, en la austeridad, en la forma de vida.

A Raúl los imperialistas y los contrarrevolucionarios y mafiosos de Miami le han creado una imagen de tipo duro y hasta sanguinario, pero es todo lo contrario. Conozco a Raúl hace más de 40 años, de ellos siete trabajando directamente con él. Es un hombre de una exquisita sensibilidad humana. Toda su vida la ha dedicado a luchar por el pueblo. Es capaz de atender los más importantes problemas del país y estar al tanto de otros problemas familiares y personales de los compañeros y de la población.

En la vida privada, fuera del servicio, somos amigos. He compartido con su familia y a veces mi hermana Angelita lo invita a una comida china. Pero en el trabajo él es el ministro y yo soy el subordinado. Es muy recto y exigente.

Por eso hemos podido organizar unas fuerzas armadas, con esa disciplina, esa entrega, esa dedicación, preparados para cualquier cosa. Como ha dicho Fidel públicamente, Raúl es el organizador de un ejército disciplinado, un ejército proletario.

CHOY: Raúl exige disciplina, la misma disciplina que él tiene. Usted lo ve ahí cómo está vestido. Ahora le exige que uno ande con gorra, que esté abotonado; él cumple estrictamente el reglamento del vestuario de las fuerzas armadas. Su uniforme siempre está abotonado correctamente.

Misión estratégica de Cuba

WATERS: Durante el tiempo que los voluntarios cubanos estuvieron en Angola, ustedes tuvieron que bregar con la UNITA, la fuerza angolana encabezada por Jonas Savimbi, que tenía respaldo de Sudáfrica y de Washington. ¿Cuál era el enfoque de las fuerzas armadas cubanas hacia la UNITA?

SÍO WONG: No participamos directamente en la lucha de Angola contra los bandidos de la UNITA dirigidos por Savimbi, el que más se interpuso a la consolidación de la independencia de Angola. Nosotros asesoramos a las fuerzas armadas angolanas, pero no fuimos a combatir contra la UNITA.

Estábamos allí para ayudar a los angolanos, a los namibios, pero enfrentando la intervención sudafricana, enfrentando las agresiones externas. No estábamos allí para apoyar a uno de los grupos dentro del país. Es importante decirlo claramente. Fuimos muy cuidadosos de que nuestras tropas no participaran en el combate entre los angolanos.

Fidel lo ha explicado en muchas ocasiones. La misión estratégica de nuestras tropas era rechazar una invasión de Sudáfrica e impedir una invasión de Zaire. No bajábamos de la frontera con Namibia. El problema interno lo tenían que resolver entre ellos, las partes beligerantes. Para nosotros eso siempre estuvo claro.

CHOY: Solo combatíamos a la UNITA cuando nos atacaba. Nuestra misión estratégica era impedir que una invasión de Sudáfrica o de Zaire liquidara el proceso revolucionario, nacionalista e independentista en Angola.

CHUI: Las guerras civiles son muy crueles. Ciudadanos de una misma nacionalidad y hasta miembros de familias se enfrentan unos con otros.

SÍO WONG: Además tuvimos que ser muy cuidadosos porque los angolanos tenían asesoramiento soviético y de nosotros también. Aquello fue muy complejo.

Tuvimos muchas discusiones con jefes militares soviéticos sobre la formación de las fuerzas armadas populares de Angola. Porque su enfoque y el nuestro iban en dos direcciones totalmente diferentes. Los soviéticos planteaban crear grandes divisiones, brigadas de tanques, un ejército clásico. Pero en el alto mando nuestro, Fidel decía que los angolanos lo que necesitaban eran unidades ligeras, no grandes unidades. Allí la selva no permitía grandes unidades de tanques.

Para una invasión extranjera, nosotros estábamos allí con los grupos tácticos. Estos estaban compuestos de pequeñas unidades de infantería, tanques, artillería y defensa antiaérea, diseñadas para trasladarse muy rápidamente, con gran maniobrabilidad.

Además, por información de inteligencia conocíamos que los sudafricanos tenían siete armas atómicas tácticas. Lo teníamos que tener en cuenta. Eso lo sabían los norteamericanos también, pero les permitieron a los sudafricanos que las tuvieran. Un arma nuclear te liquida una gran unidad en seguida. Entonces nuestras unidades tenían que ser pequeñas, no ser muy vulnerables.

CHUI: También debíamos tener en cuenta el largo del tramo para el abastecimiento. El aseguramiento de estas unidades más pequeñas no era algo tan voluminoso tampoco.

SÍO WONG: Con los soviéticos tuvimos discusiones largas y nunca nos pusimos de acuerdo. El tiempo nos dio la razón.

Negociaciones con Sudáfrica

KOPPEL: Choy, ¿cuándo estuvo en Angola?

CHOY: En Angola estuve en 1980–81. Yo era sustituto del jefe de la misión para la Defensa Antiaérea y Fuerza Aérea Revolucionaria (DAAFAR). El comandante en jefe y el ministro de las FAR también me dieron la tarea de colaborar con mi contraparte angolana para organizar la defensa antiaérea y la fuerza aérea de Angola.

No era fácil, porque se coordinaba con los soviéticos. Los soviéticos enviaban la técnica y nosotros el personal.

KOPPEL: ¿Qué hizo después de volver de Angola?

CHOY: Al regresar a Cuba en 1981, fui designado a diversos cargos en la dirección de la DAAFAR.

En diciembre de 1986 el Consejo de Estado me nombró embajador a Cabo Verde, cargo que desempeñé hasta 1992. Durante esos años, en la isla de Sal, que es parte de las islas de Cabo Verde, se pactó el acuerdo con los sudafricanos después de su derrota en la batalla de Cuito Cuanavale. El acuerdo entre los gobiernos se firmó más tarde en la ONU en Nueva York, pero fue en la isla de Sal donde se logró el acuerdo básico el 27 de julio de 1988 entre las delegaciones sudafricana, angolana y cubana. La esencia del acuerdo era que ellos se retirarían definitivamente de Angola, si las unidades blindadas cubanas detenían su avance hacia la frontera con Namibia y se alejaban de la frontera hasta una línea al norte del río Cunene, en sur de Angola.

Ese mismo día de la propuesta en la isla de Sal, la vanguardia de la brigada de tanques de Enrique Acevedo había cruzado el río Cunene. Pero atrás venían otras brigadas más. Prácticamente ya íbamos para la frontera de Namibia. Los sudafricanos estaban asombrados del curso de los acontecimientos. Hay una anécdota de las negociaciones en la isla de Sal.

Como les decía, los sudafricanos habían planteado que estaban dispuestos a retirarse definitivamente de Angola si las unidades militares cubanas detenían su marcha hacia la frontera con Namibia y regresaban a una línea al norte del río Cunene. Los sudafricanos dieron la línea. Cuando la delegación militar cubana analizó la línea, se dio cuenta que estaba muy cerca del río. Cuando llovía eso era un fanguisal, y los tanques no podían moverse, creando el peligro real de que cientos de estos medios blindados fueran fáciles blancos inmóviles en caso de reanudarse la guerra. Así que nuestra delegación propuso una línea aún más alejada de la frontera con Namibia.

Cuando se propuso eso, los sudafricanos dijeron: "Bueno, ¡parece que los cubanos no son tan malos!"

Después hubo una nueva reunión en la isla de Sal, un poco más de un año después, para verificar la implantación del acuerdo. La delegación sudafricana en esa segunda reunión era el viceministro primero de relaciones exteriores Neil Van Heerden y cuatro generales. En nuestra delegación estábamos el general Cintra Frías y yo.

Los sudafricanos empezaron tratando de sobornarnos. Van Heerden empezó explicando que Sudáfrica destinaba 500 millones de rands [entonces 200 millones de dólares] anuales para "sostener" a Namibia. Dijo que estaban dispuestos a seguir aportándole a Namibia ese dinero, siempre y cuando en la frontera hubiera tranquilidad. ¿Qué quería decir esto? Que no se apoyara al Congreso Nacional Africano (ANC) ni a otros movimientos en Sudáfrica. Es decir que prácticamente nos pedía que cometiéramos una traición y presionáramos a la SWAPO [Organización Popular de África Sudoccidental] para que traicionara la lucha contra el apartheid en Sudáfrica. Por supuesto, la máxima dirección política de nuestro país no aceptó.

En un momento de la reunión, el jefe de nuestra delegación, Carlos Aldana, le dijo a Cintra Frías, "General, dígale al señor Van Heerden qué armamento hemos retirado".

Polo informó la cifra en hombres, cañones y 800 tanques.

Van Heerden se quedó boquiabierto.

Sabía que aun con las fuerzas retiradas, en el sur de Angola quedaban miles de cañones, tanques y otros medios blindados y hombres.

"¿Y qué van a hacer ustedes en Cuba con tantos tanques y cañones?", preguntó Van Heerden.

"Seguramente se los daremos a las Milicias de Tropas Territoriales", fue la respuesta.[5]

Pero él seguía boquiabierto. Estaba claro que los sudafricanos no habrían podido resistir esa fuerza en su avance hacia la frontera con Namibia.

Toda Cuba respalda la gesta de Angola

WATERS: General Sío Wong, ¿cuáles fueron sus tareas?

SÍO WONG: Cumplí misión en Angola en 1976. Fui jefe de logística, es decir, del aseguramiento de la misión militar: una operación realizada a 10 mil kilómetros de distancia por un país pequeño.

Recuerdo que leí un artículo en la prensa norteamericana, creo que fue el *New York Times*, que decía cómo se asombró el gobierno norteamericano de la operación que habíamos hecho. Decía que tuvo un aseguramiento logístico extraordinario, de cómo a los soldados cubanos en la trinchera no les faltaba ni el ron, el Havana Club. Eso era mentira. Quizás estaban pensando cómo a los soldados norteamericanos les llevan hasta el pavo del día de fiesta, el helado, etcétera.

El aseguramiento sí. El combatiente tiene que tener un apoyo mínimo. Nosotros pudimos hacer eso porque somos un país socialista. Dentro de lo que permitían nuestras limi-

5. Ver glosario, Milicias de Tropas Territoriales.

taciones materiales, todos los recursos necesarios se pusieron a su disposición.

Hay que reconocer la valentía de los compañeros que se montaban en aquellos Britannias viejos. Esos aviones de cuatro motores, obsoletos, que cuando comenzó la misión angolana a mediados de los 70 ya estaban prácticamente en desuso. Les instalamos tanques de combustible adicionales para que pudieran llegar hasta la isla de Sal, frente a la costa de África occidental. Primero tenían que hacer escala en Guyana y después en la isla de Sal. Los primeros instructores llegaron a Angola de tres saltos. Para volar en aquellos Britannias había que ser valiente, estar dispuesto a jugarse la vida. Después, los soviéticos aprobaron el uso de los IL-62 para hacer varios vuelos, para llevar a una parte de nuestras tropas. Me acuerdo que fueron 10 vuelos al principio de la misión. Yo fui en uno de esos vuelos.

Utilizamos nuestra flota mercante para llevar a miles de efectivos y una gran cantidad de técnica de combate. Fue una operación secreta que se hizo también desde varios puertos. Eso solo lo pudo hacer un país como Cuba, con ese espíritu solidario.

Repito: para estas misiones internacionalistas pusimos a todo el país en función de ese esfuerzo. Porque consideramos que era algo vital.

No, no les llevamos la botella de Havana Club, pero todo lo imprescindible sí estaba asegurado. Mantuvimos un puente de abastecimiento a una distancia de 10 mil kilómetros. Eso lo hacen países tan poderosos como Estados Unidos y Rusia, que tienen grandes flotas de aviones y barcos. Los militares de Estados Unidos tienen diseñadas sus fuerzas armadas para librar guerras en dos frentes al mismo tiempo. Tienen la técnica de combate para eso. Tienen todo el aseguramiento, toda la logística.

Por haber sido jefe de logística, me llamó la atención ese artículo del *New York Times*. Pero esto se logró porque el país completo se puso en función de eso, para poder mantener el aseguramiento de esas tropas. Eso aún no está escrito en la historia, pero fue una hazaña.

Desde el punto de vista humano, nuestras tropas fueron a Angola en una misión internacionalista. También eso fue parte del trabajo anónimo de nuestro pueblo. La gente no preguntaba para dónde iba, porque tampoco se podía decir. Por ejemplo, íbamos a embarcar tal regimiento por el puerto de Nuevitas, en Camagüey. Y allá se le ponía una leyenda, que decía que el regimiento de La Habana iba a una maniobra allá al polígono nacional de las FAR. De noche se embarcaba el regimiento en secreto. En una travesía sin escolta, en que podían hundir un barco perfectamente. O sea, un barco cargado con mil combatientes fácilmente podía ser atacado por un pirata de esos con una lancha rápida, de un bazucazo. Nosotros corríamos ese riesgo. Por eso había que hacerlo en secreto.

Eso lo van a tener que estudiar algún día las academias militares. ¿Cómo fue posible? Fue con la participación de todo el pueblo, indudablemente.

CHUI: Ese esfuerzo tenía el apoyo de la población en general. De eso no cabe duda. El pueblo podía apreciar esa visión de liderazgo que se estaba demostrando. Confiaba en Fidel como líder. Aun cuando el campo de batalla estaba en Angola, entendían perfectamente las instrucciones que llegaban de aquí y las seguían directamente.

Un hito en la historia de África

KOPPEL: En Estados Unidos se sabe muy poco de lo que ha hecho la Revolución Cubana para ayudar las luchas antiimperialistas en Angola y el resto de África. Pero va a haber mucho interés en conocer esto.

CHUI: Nosotros fuimos un factor determinante en los años 70 en la conquista de la independencia de las tres grandes colonias del imperio portugués en ese continente: Angola, Mozambique y Guinea-Bissau y Cabo Verde. Sin embargo, hay hechos que no se destacan mucho.

En el caso de Guinea-Bissau, por ejemplo, el PAIGC [Partido Africano para la Independencia de Guinea y Cabo Verde], dirigido por Amílcar Cabral, pidió la ayuda de Cuba en la lucha por la independencia de su país. Y nuestras tropas desempeñaron un papel importante en la derrota del ejército portugués, quedando liberada la mayor parte de Guinea-Bissau en 1973. Ese hecho sacudió al gobierno de Portugal y contribuyó a la "Revolución de los Claveles" de 1974. A partir de eso se produjo un "efecto dominó", con la independencia de Angola, Mozambique y São Tomé y Príncipe.[6]

Choy conoce bien esa historia, por los años que fue embajador en Cabo Verde.

Merece un destaque especial el caso de Angola, donde nuestras tropas estuvieron luchando junto al pueblo angolano más de 15 años. No solo ayudamos a derrotar al ejército sudafricano, sino que contribuimos a la eliminación del apartheid y a la independencia de Namibia.

De nuestro desempeño en África, los cubanos no trajimos nada material para Cuba. Solo nuestros muertos y heridos, y la satisfacción del deber cumplido.

SÍO WONG: La historia demostró que teníamos razón. No estábamos luchando solamente por Angola. Estratégicamente,

6. La dictadura portuguesa fue derrocada en abril de 1974 (ver glosario, Portugal, revolución en). Mozambique obtuvo su independencia en junio de 1975, São Tomé y Príncipe en julio de 1975; Angola en noviembre de 1975.

Aquel fue un ejército revolucionario del pueblo

Si algo singular tiene la presencia cubana en Angola, continuación de las mejores tradiciones nacionales, es el masivo concurso popular, que nunca antes alcanzara cifras semejantes y que desencadenó la disposición de todo un pueblo por participar en la epopeya, cuyo significado aún más trascendental fue el carácter absolutamente voluntario de la participación.

Aquel no fue solo un ejército profesional, por más que nos enorgullecemos del desempeño combativo y técnico de nuestras tropas, sino un ejército de las masas, un ejército revolucionario del pueblo...

Como advertimos en fecha muy temprana, nada más hemos traído de regreso, como no sea la satisfacción del deber cumplido y los restos de nuestros compañeros caídos...

Un papel decisivo correspondió en toda esta extraordinaria prueba a los jefes y oficiales, sobre cuyos hombros recayeron innumerables decisiones. Ellos estaban llamados, ante todo, a ser ejemplo. Y lo fueron con creces, como lo ilustra el hecho de que uno de cada cuatro de los caídos en combate tenía grado de oficial...

En los nuevos e inesperados desafíos, siempre podremos evocar la epopeya de Angola con gratitud, porque sin Angola no seríamos tan fuertes como somos hoy.

Si nuestro pueblo se conoce mejor a sí mismo, si conocemos mucho mejor de qué somos capaces todos

(Sigue en la próxima página)

> nosotros, los veteranos y los pinos nuevos, nuestra juventud, es también gracias a Angola.
>
> Si hoy estamos más conscientes de la obra de la revolución, porque palpamos la huella nefasta del colonialismo y del subdesarrollo, tenemos que agradecérselo a Angola...
>
> RAÚL CASTRO
> *27 DE MAYO DE 1991*

estábamos luchando contra el apartheid. Y efectivamente, en Cuito Cuanavale, cuando se le partió el espinazo a ese ejército, tuvieron que sentarse a la mesa de negociaciones, darle la independencia a Namibia, liberar a Nelson Mandela y acelerar el proceso que poco después llevó a la destrucción del apartheid mismo.

Angola fortaleció a la Revolución Cubana

WATERS: ¿Qué impacto tuvo aquí en Cuba? No todo el mundo estuvo de acuerdo en emplear esos recursos o mantener ese rumbo tantos años. ¿Se vio fortalecida la Revolución Cubana por la misión internacionalista en Angola?

CHOY: Bueno, realmente fue un fortalecimiento ideológico. Todos los que fuimos habíamos estudiado sobre la esclavitud, sobre la explotación del hombre por el hombre, la explotación de los países del sur de África. Habíamos estudiado los males que el colonialismo hizo y hace todavía. Pero solo lo habíamos leído en los libros.

En el caso personal mío —y estoy seguro que a otros cubanos les pasó lo mismo— llegamos ahí y pudimos ver con nuestros propios ojos lo que era el sistema colonial. Una total diferenciación entre los blancos, los europeos —en este caso eran los portugueses— con los nacionales nativos. Vimos la explotación a que eran sometidos. Veíamos un país tan rico como ese, y sin embargo para nosotros las condiciones en que vivían los angolanos eran infrahumanas. Porque les robaban las riquezas del país. Porque los colonialistas no habían preservado ni los bosques ni las tierras.

A veces íbamos en los vehículos, y las personas que caminaban por ahí se quitaban de la carretera corriendo cuando oían que veníamos. Luego supimos por qué. Bajo el régimen portugués, si los nativos no se quitaban, a veces los colonialistas les daban con el vehículo. Entonces ya, a través de generaciones de maltratos de ese tipo, cada vez que sentían que venía un vehículo, se quitaban corriendo. Y no solo de la orilla. Se quitaban porque habían sido maltratados durante años y siglos.

La principal lección de esta misión fue palpar la crueldad del colonialismo con los nativos y el robo sin recato de sus riquezas naturales. Un país con tantas recursos naturales como Angola y sin embargo, ¡la población enfrentando las necesidades más básicas!

Por eso decía que conocer la verdad nos fortaleció ideológicamente. Igual sucede siempre que vemos que en muchos países capitalistas una parte de la población carece de las más básicas condiciones de vida. La primera vez que pasé por Madrid, por ejemplo, fue en un mes de diciembre con mucho frío. En la Gran Vía —la principal arteria de esa gran ciudad— vi durmiendo a personas tapadas con sacos, con periódicos, cerca del escalón de calefacción.

Hay cosas que uno lee en los libros y cree que son ciertas. Pero hasta que uno no las ve, no puede comprender con profundidad la realidad de la cual escribió Carlos Marx. Creo que es una de las lecciones que todos aprendimos de esas misiones internacionalistas.

Son las mismas lecciones que aprenden nuestros médicos, los entrenadores deportivos y los de otras especialidades que van a muchos de esos países, incluso países que tienen riquezas naturales pero tienen un atraso tremendo y grandes contrastes. Los recursos no se usan en función de la masa de la población. Y este atraso no es solo en África, sino en América también.

Bolivia, por ejemplo, tiene muchas minas de estaño. Tiene petróleo y gas natural. Sin embargo, allí hay un atraso tremendo. Ecuador igual, aun cuando es uno de los principales exportadores de petróleo. Hay problemas sociales permanentes, porque una gran parte de la población vive en condiciones prácticamente infrahumanas. Hasta que uno no ve esas realidades, no comprende hasta dónde llega el problema. No comprende las necesidades de esos pueblos. El contacto directo con ellos fortalece nuestra comprensión. Esas misiones hicieron concreto ese entendimiento.

En las misiones diplomáticas uno ve esa misma realidad desde otro ángulo. Yo pude ver las presiones que Washington y las demás potencias imperialistas ejercen sobre esos países.

Una vez conversaba con el secretario de estado de la cooperación de Cabo Verde, un cargo equivalente al de viceministro del exterior. Era una buena persona y teníamos buenas relaciones. Me explicó, "El embajador norteamericano me habló de este problema y nos amenazó de que si la postura nuestra era tal, ellos iban a restringirnos la ayuda económica". Esas son cosas que uno lee, pero es distinto cuando uno mismo las ve y las oye. Yo tuve oportunidad de observarlo cuando era diplomático. A veces no puedes hacer manifestación de palabra. Yo pensé que los caboverdianos debían hacer una declaración, pero no lo hicieron. Y eran países amigos. Ellos evitaban hacer una declaración que chocara con los intereses de Estados Unidos.

Eso era así.

El pueblo cubano hizo una contribución sin paralelo en la historia de África

El pueblo cubano ocupa un lugar especial en el corazón de los pueblos de África. Los internacionalistas cubanos hicieron una contribución a la independencia, la libertad y la justicia en África que no tiene paralelo, por los principios y el desinterés que la caracterizan. Desde sus días iniciales la Revolución Cubana ha sido una fuente de inspiración para todos los pueblos amantes de la libertad...

¿Qué otro país puede mostrar una historia de mayor desinterés que la que ha exhibido Cuba en sus relaciones con África?

¿Cuántos países del mundo se benefician de la obra de los trabajadores de la salud y de los educadores cubanos? Cuántos de ellos se encuentran en África?

¿Dónde está el país que haya solicitado la ayuda de Cuba y que le haya sido negada? ¿Cuántos países amenazados por el imperialismo o que luchan por su liberación nacional han podido contar con el apoyo de Cuba?

Yo me encontraba en prisión cuando por primera vez me enteré de la ayuda masiva que las fuerzas internacionalistas cubanas le estaban dando al pueblo de Angola —en una escala tal que era difícil creerlo— cuando los angolanos se vieron atacados en forma combinada por las tropas sudafricanas, el FNLA financiado por la CIA, los mercenarios y las fuerzas de la UNITA y de Zaire en 1975.

(Sigue en la próxima página)

> Nosotros en África estamos acostumbrados a ser víctimas de países que quieren desgajar nuestro territorio o subvertir nuestra soberanía. En la historia de África no existe otro caso de un pueblo que se haya alzado en defensa de uno de nosotros.
>
> NELSON MANDELA
> MATANZAS, CUBA
> *26 DE JULIO DE 1991*

CHUI: Como decía Choy, esta experiencia nos desarrolló a todos desde el punto de vista político-ideológico. Pero el mayor impacto fue en los soldados. En Angola y otros países de África ellos palparon el analfabetismo, la miseria, la incultura, la insalubridad, la situación en la que viven todavía esos pueblos.

Les cuento una anécdota. Una vez en Angola matamos un puerco, y yo le dije a uno de los soldados cubanos que le diera un pedazo de pierna a los angolanos, a lo que estos respondieron que no lo querían. Cuando preguntamos por qué no, respondieron que querían las vísceras, las tripas. Eso era lo que el amo colonial acostumbraba darles siempre. Estaban acostumbrados a comer eso. En realidad no les gustaba otra parte, por no tener el hábito.

Nuestros combatientes pudieron observar que en esos países hay poblaciones que tienen necesidades que nosotros no tenemos. Aprendieron en general muchas lecciones y adquirieron valiosas experiencias de las desigualdades e injusticias del mundo de hoy.

Hay muchos en el mundo que menoscaban nuestra actitud de ayudar a los pueblos de otras naciones que combaten la opresión imperialista. Pero en Cuba eso nos permitió consolidar el desarrollo político e ideológico de la juventud que fue a combatir y ayudar a otros pueblos, que comprendió la justeza de su lucha y se enorgulleció después de su misión. No podría haber mejor ejemplo que el de los Cinco Héroes que hoy son prisioneros del imperio por la misión internacionalista que estaban llevando a cabo en defensa del pueblo cubano contra ataques terroristas. Ellos son parte de esa generación y tres de ellos cumplieron misión en Angola.[7]

SÍO WONG: Además de lo que expresaron los compañeros, hay que agregar lo que experimentan nuestros jóvenes médicos cuando van a otros países. Es chocante. Que se muera un paciente porque no tiene dinero. Eso no lo tenemos en Cuba. Esa vivencia vale más que 100 lecciones de un manual de marxismo. Es una preparación tremenda para los jóvenes.

Ahora no tenemos misiones internacionales de combate. Tenemos otro tipo de misión: con médicos, maestros y demás. El simple hecho de que estos compañeros van y viven en un país capitalista tiene un impacto profundo. Es algo que los tres lo vivimos cuando crecimos. Pero los jóvenes de hoy no lo vivieron.

Uno puede decirles mucho a los hijos de cómo fue el pasado. Me acuerdo que cuando yo era joven mis hermanos hablaban del machadato, la dictadura de Machado que hubo aquí en los años 30. Me hablaban de la gran crisis económica de aquellos años. Pero no es lo mismo que verlo, palparlo, vivirlo. No es lo mismo decir, "El capitalismo es esto y esto", no es lo mismo. No, vívelo ahí. Es una experiencia para nuestros jóvenes, para nuestro pueblo. Porque después, los que van —médicos, instructores, técnicos, especialistas— se lo transmiten a toda la familia.

WATERS: ¿Tuvo un impacto la misión internacionalista de

7. Ver glosario, Cinco Cubanos.

Angola en la capacidad defensiva cubana?

SÍO WONG: Quería hablar también de eso, de cómo nos ha servido. Más de 300 mil cubanos adquirieron experiencias combativas reales en Angola. Eso tiene que tomarlo en cuenta el Pentágono cuando hace sus análisis.

Ahora están desclasificando ciertas cosas, por ejemplo, unos documentos sumamente secretos de la Crisis de Octubre de 1962. Esos documentos revelan de forma muy concreta cómo los dirigentes norteamericanos evalúan sus decisiones. Kennedy les preguntó a los jefes del Pentágono qué cantidad de bajas iban a tener en una invasión a Cuba. Y le dijeron que el cálculo era de 18 mil en los primeros 10 días. El precio sería muy grande, muy costoso.[8]

Como decía el comandante en jefe, durante la Crisis de Octubre aquí nadie tembló ni se atemorizó. Realmente hay un pueblo dispuesto, firme y decidido.

Eso es lo que el Pentágono tiene que tomar en cuenta.

8. Estos hechos se relatan en el libro *Haciendo historia*. Ver también el glosario, Crisis "de los misiles" (Crisis de Octubre).

La guerra de todo el pueblo

WATERS: General Sío Wong, la tarea que usted ha tenido durante casi 20 años —presidente del Instituto Nacional de Reservas Estatales de Cuba— está estrechamente vinculada a la defensa de Cuba. ¿Nos puede explicar qué son las reservas?

SÍO WONG: El Instituto Nacional de Reservas Estatales se formó en 1981. Durante los años 60 y 70 el gobierno acumuló reservas para tiempos de guerra u otras emergencias. Las FAR acumularon sus propias reservas. Pero a finales de los 70 reconocimos la necesidad de incrementar sistemáticamente estas reservas y crear un organismo que se ocupara integralmente de la dirección y control de las mismas.

La tarea del INRE consiste en acumular recursos materiales para garantizar el desarrollo y funcionamiento normal de la economía en tiempos de paz, prevenir y atenuar las consecuencias de desastres y fortalecer la capacidad defensiva del país.

WATERS: Señaló que el INRE se creó en 1981. Las amenazas de Washington contra Cuba arreciaban en esos momentos debido a la solidaridad cubana con los nuevos gobiernos de trabajadores y agricultores en Granada y en Nicaragua.

SÍO WONG: Sí, el INRE se formó precisamente cuando se endureció la política de Estados Unidos hacia esas revoluciones. Reagan acababa de asumir la presidencia. Los soviéticos nos habían dicho que no estábamos debajo de la sombrilla atómica. Esto lo ha explicado públicamente Raúl.[9]

Fue entonces que cambiamos nuestra doctrina militar. Adoptamos la doctrina de la Guerra de Todo el Pueblo. O sea, nos defendemos con nuestras propias fuerzas y medios, basados en que cada hombre —y cada mujer— tenga un arma: un fusil, una mina, una piedra, algo para combatir al enemigo.

Nosotros tenemos organizada la primera reserva en las Milicias de Tropas Territoriales. Se crearon en 1980 pero su origen se remonta a las Milicias Nacionales Revolucionarias creadas en 1959. Además, una gran parte del pueblo está organizada en las Brigadas de Producción y Defensa.

Muchos amigos nos señalan que no firmamos el tratado de minas antipersonales. López Cuba lo definió muy bien en *Haciendo historia*. La mina antipersonal es el arma de los pobres. Nosotros no tenemos cohetes ni tenemos armas atómicas. Pero tenemos que defendernos. Además, la mina es un arma defensiva, netamente defensiva.[10]

WATERS: ¿Y la reserva estatal es un arma defensiva también?

SÍO WONG: Una de las misiones de la reserva precisamente es fortalecer la capacidad defensiva del país. Ojalá que no tengamos que usarlas en tiempo de guerra. La mejor forma

9. En una entrevista con *El Sol de México* el 21 de abril de 1993, Raúl Castro relató que en 1981 se reunió con altos dirigentes soviéticos, entre ellos el secretario general del Partido Comunista, Leonid Brezhnev, para discutir cómo responder a la escalada de amenazas de Washington. La dirección soviética le dijo explícitamente a Castro que no estaba dispuesta a defender a Cuba contra un ataque estadounidense. "Nosotros no podemos combatir en Cuba, porque ustedes están a 11 mil kilómetros", relató Castro que le había dicho Brezhnev. "¿Vamos a ir allá para que nos partan la cara?" La entrevista se publicó también en *Granma* en abril de 1993.

10. Entrevista al general de división Néstor López Cuba, *Haciendo historia*.

de ganar la guerra es evitándola. Para evitarla tenemos que ser fuertes.

Si vamos a marcar un momento que demostró esta preparación para la defensa fue el ejercicio estratégico Bastión 2004 que se hizo en diciembre de ese año.[11] Participó todo el país. Cientos de miles se movilizaron el último día del ejercicio, que duró casi una semana. Hacía casi 10 años que no se hacía un ejercicio así en Cuba. Creo que el último se hizo en 1996. Bastión 2004 fue dirigido personalmente por Fidel, el comandante en jefe, como presidente del Consejo de Defensa Nacional. Se comprobó que nuestro pueblo, el país, está preparado para enfrentar una agresión.

Hemos analizado las guerras estadounidenses contra Yugoslavia en 1999 e Iraq en 2003,[12] y se ha intensificado la preparación del pueblo para fortalecer la capacidad defensiva del país. La doctrina norteamericana es usar la tecnología y el poderío militar que tienen —aéreo y coheteril— para doblegar al adversario con el menor número de bajas norteamericanas posible. Eso fue lo que hicieron en Yugoslavia. Es lo que estaban tratando de hacer también en Iraq. Ellos creyeron que iba a ser un paseo.

En la guerra de Yugoslavia, la fuerza armada de Estados Unidos utilizó su poderío aéreo para doblegar al gobierno yugoslavo en 80 días. Si hubiese sido posible resistir unas semanas más, la opinión mundial habría seguido cambiando en oposición al bombardeo. El Pentágono estaba analizando qué se requeriría para una invasión por tierra. Conocían una particularidad de Yugoslavia: que durante la Segunda

11. Los ejercicios Bastión han continuado cada cuatro años en el mes de diciembre.

12. Ver glosario, "Yugoslavia, guerra dirigida por Washington contra", e "Iraq, guerra de (2003)".

Guerra Mundial los guerrilleros de Tito fortificaron aquellas montañas y que en años posteriores el país fue perfeccionando su defensa. Hemos mandado delegaciones militares a estudiar el sistema defensivo yugoslavo. Todas las reservas necesarias están metidas bajo túneles, en las montañas. Así que los 80 días de bombardeos norteamericanos no afectaron ni uno por ciento de la capacidad militar de Yugoslavia. La OTAN y el Pentágono calcularon la cantidad de bajas que iban a tener en una agresión terrestre. Es lo que querían evitar. En una guerra, tarde o temprano, hay que ocupar el territorio por tierra.

"Una guerra por televisión", decían algunos insensiblemente, al referirse a la agresión norteamericana. "Hoy vamos a bombardear la termoeléctrica, mañana vamos a bombardear tal puente", etcétera. Pero con eso doblegaron la voluntad política de resistencia del gobierno yugoslavo.

Eso no pasaría en Cuba. Nuestro pueblo no está dividido. Nuestros generales no se venden, como pasó en Iraq. Se abre una cuenta en Suiza, compran a los generales y las tropas no combaten.

No es que los imperialistas no nos puedan bombardear e invadir. La guerra de Vietnam duró más de 10 años. Los norteamericanos tuvieron 58 mil soldados muertos. La resistencia del pueblo vietnamita permitió que se generara un fuerte movimiento contra la guerra dentro de Estados Unidos. Al final los gobernantes de ese país tuvieron que retirarse de Vietnam.

En caso de una agresión a Cuba, en solo un año —es decir, un décimo de lo que duró la guerra de Vietnam— el número de bajas de Estados Unidos no sería menos de 10 mil. El cálculo lo hemos hecho de acuerdo con la preparación que han adquirido las Fuerzas Armadas Revolucionarias y el pueblo de Cuba, demostrada en Bastión 2004. Crecería la oposición contra la guerra entre el pueblo de Estados Unidos, como pasó con Vietnam.

Pero para resistir hay que tener reservas. Para obligar a los imperialistas a decidir si van a pelear por tierra y aceptar las bajas que van a afectar el apoyo a la guerra: para eso hay que tener reservas.

Para nosotros las más importantes son las reservas patrióticas de nuestro pueblo. Pero también debemos tener las reservas materiales. Somos una isla. Nos pueden bloquear fácilmente. Es lo que hizo el gobierno norteamericano durante la crisis "de los misiles" en octubre de 1962. En esas condiciones, ¿qué cantidad de petróleo se necesitaría? ¿Qué cantidad de alimentos para alimentar a 11 millones de habitantes? No podemos depender del petróleo extranjero, de la coyuntura del mercado mundial.

Todos los países tienen reservas. Pero el país que tiene la mayor cantidad de tipos de productos en sus reservas es Cuba. No solamente combustible, lubricante, alimentos, medicamentos y materias primas, sino los lápices y las libretas para que las escuelas sigan funcionando.

Hay un decreto del presidente del Consejo de Estado, en el cual Fidel define nuestra política para las reservas. En el primer "por cuanto" dice:

"El incremento, conservación y control de las reservas materiales es una condición indispensable para la seguridad de la nación, la alimentación y el bienestar del pueblo".

Ese es el papel de las reservas. Es lo que explicó Fidel en enero de 2005 en la reunión internacional de economistas, cuando dijo que Cuba ha alcanzado la invulnerabilidad militar y que estamos trabajando para lograr la invulnerabilidad económica.

WATERS: Dos amplios retos económicos y sociales que están recibiendo bastante atención a nivel directivo son los problemas en el sistema de generación eléctrica y los efectos de la sequía inédita en varias provincias orientales de Cuba. También son problemas estratégicos, que no están desvinculados de los de las reservas y la capacidad de Cuba de defenderse. ¿Puede describir qué están afrontando?

SÍO WONG: Nuestro sistema electroenergético nacional se diseñó hace más de 40 años. El sistema nació con las relaciones favorables que teníamos entonces con la Unión Soviética. Todo el petróleo, todas las piezas, los cables, la tecnología, todo, venía de la Unión Soviética. Pero para operar cualquier cosa producida con tecnología soviética, había que ponerle un tanque de petróleo atrás. Otro avión de petróleo atrás. Con los autos era igual, con los camiones y los tractores también.

Todo el sistema electroenergético nacional está basado en siete plantas termoeléctricas principales enlazadas. Significa que el sistema es muy vulnerable. Se te cae una planta y eso provoca serias consecuencias para todo el sistema. El año pasado se dañó el eje de la turbina de la central Antonio Guiteras en Matanzas. Es nuestra termoeléctrica más moderna y más eficiente, construida con tecnología francesa. Hubo que desmontar el eje, contratar un avión y mandarlo a México para repararlo. Al salir esos 350 megavatios, se desestabilizó todo el sistema.

También ha contribuido a la crisis de la electricidad el hecho de que se alarga el tiempo de reparación, de mantenimiento, en otras plantas generadoras que desde el comienzo del Período Especial empezaron a utilizar el crudo cubano.[13] Con esto hemos ahorrado millones. Pero ese crudo tiene mucho azufre. La combustión no es tan limpia, lo que también implica más tiempo fuera de servicio para darles mantenimiento.

13. Ver glosario, Período Especial. Para leer más sobre el Período Especial, ver la tercera parte.

La atomoeléctrica que estábamos construyendo en Juraguá, en la bahía de Cienfuegos, estaba diseñada para apoyar este sistema, reducir su vulnerabilidad. Teníamos planeada otra atomoeléctrica en Holguín. Las atomoeléctricas iban a servir para aumentar y, más adelante, sustituir gran parte del sistema. Ese era el plan. Pero el complejo de Juraguá era un proyecto que teníamos con los soviéticos, y en 1991 cayó la Unión Soviética.[14]

Ya se había hecho una inversión de cerca de mil millones de dólares. Hacían falta para terminarla otros mil millones. Rusia no iba a hacer esa inversión. Nosotros no estábamos en condiciones de hacerla.

Y había otro problema. ¿De quién íbamos a depender para el combustible nuclear? ¿De Yeltsin? ¿De Putin?

No teníamos otra opción. Decidimos suspender el proyecto.

Fidel ha señalado algunas de las medidas que estamos tomando para bregar con la crisis de la electricidad.[15] Cuba ha duplicado la cantidad de divisas a invertir en este renglón en 2005. Se están instalando motores y equipos por valor de más de 280 millones de dólares, lo que nos permitirá disponer, al cabo de un año, de un millón más de kilovatios de generación eléctrica. La estrategia consiste en el empleo de generadores más pequeños y eficientes, regionalizando su ubicación, logrando con esto evitar las pérdidas de electricidad cuando se transmite a larga distancia, así como la protección contra los huracanes que todos los años nos azotan y que cortan el

14. Las obras de la central termonuclear de Juraguá comenzaron en 1983, con colaboración soviética. Tras el derrumbe de la Unión Soviética en 1991, el proyecto se suspendió. En 1997 Fidel Castro anunció que no había planes de reactivar el proyecto de Juraguá.

15. El discurso que Fidel Castro dio el 26 de julio de 2005, en que indicó algunas de estas medidas, se publicó en la edición del 31 de julio de *Granma Internacional*.

sistema electroenergético nacional.

Esto se va a complementar con 500 mil kilovatios de una nueva planta que se terminó en la región oriental, y se incrementará el número de plantas generadoras con el consumo de gas asociado con la producción de nuestro crudo. Junto a otras medidas para reducir el consumo energético —como la distribución de ollas de presión y ventiladores nuevos y más eficientes, y la reparación de las juntas y los termostatos de refrigeradores, el cambio de bombillos incandescentes por ahorradores— estas medidas efectivamente van a duplicar, para el segundo semestre de 2006, la electricidad destinada a la producción, los servicios y el consumo doméstico.

Pero ese es el legado con que estamos lidiando hoy y por qué las dificultades son tan grandes.

WATERS: ¿Y la sequía?

SÍO WONG: Es la peor sequía jamás registrada en Cuba. Afecta sobre todo a las provincias de Holguín, Las Tunas y Camagüey. Más de dos millones y medio de personas se han visto afectadas en los momentos más críticos. Hemos tenido que distribuir agua en pipas a dos millones de personas, y también a animales; Camagüey es toda una zona ganadera.

A pesar de la falta de recursos materiales, hemos decidido que no nos queda más remedio. Vamos a construir dos grandes sistemas y las conductoras para trasladar el agua a esas zonas afectadas. Es una obra gigantesca. Uno de estos proyectos en la parte central de la isla se comenzó antes del Período Especial, pero el trabajo se paró por la falta de recursos, combustible, maquinaria, etcétera. Pero ahora se va a continuar. Va a llevar agua a Camagüey desde el centro del país. El otro proyecto se va a empezar en las montañas orientales, que es donde más llueve en Cuba, en la región de Moa. Allí vamos a construir varias represas, para trasladar agua por un sistema de conductores, canales y túneles a Holguín, Las

Tunas y hasta Camagüey.

Es un proyecto enorme, pero de un impacto económico muy grande.

WATERS: Las reservas también han sido importantes para afrontar la guerra económica que el gobierno norteamericano ha intensificado en la última década y media contra Cuba, ¿no?

SÍO WONG: Muchos compañeros no se dan cuenta cómo nos afecta el bloqueo del gobierno norteamericano.[16]

De joven yo vivía allí cerca del Malecón. Veía los ferries norteamericanos que diariamente transportaban la mercancía. Entonces la gran mayoría de nuestro comercio era con Estados Unidos.

En años recientes hemos conversado con congresistas de los estados del Sur y de otras zonas agrícolas. En la Asamblea Nacional recibimos una delegación que incluía a congresistas de Louisiana. Antes del triunfo de la revolución, el 36 por ciento del comercio portuario de Nueva Orleans era con La Habana. Ustedes se imaginan que todo ese arroz, ese maíz, ese trigo, ese aceite que importábamos de allí, ahora lo tenemos que importar de Vietnam, de China, de Malasia. La leche en polvo incluso la tenemos que traer de Nueva Zelanda. Compramos trigo en Francia. Pero Estados Unidos está solo a 90 millas.

El bloqueo nos ha afectado económicamente con más de 80

16. Washington ha mantenido un embargo comercial contra Cuba desde febrero de 1962. Con la Ley de la Democracia Cubana de 1992 ("Ley Torricelli") y la Ley de la Libertad y Solidaridad Democrática Cubana de 1996 ("Ley Helms-Burton"), se intensificó considerablemente el embargo en un intento de agravar la crisis económica provocada por el colapso de las relaciones comerciales cubanas con la ex Unión Soviética y Europa oriental. A fines de 2017 estas dos leyes aún se mantenían vigentes.

mil millones de dólares en pérdidas, solamente con los fletes, las diferencias de precios y otros costos.[17]

'El jefe que no tenga reservas no es buen jefe'

KOPPEL: ¿Desde cuándo es presidente del Instituto Nacional de Reservas Estatales?

SÍO WONG: Desempeño esa responsabilidad desde 1986.

Pero no es la primera vez que hago algo así. Durante la guerra revolucionaria, Fidel me hizo jefe de las reservas del Ejército Rebelde. Ya entonces, él la llamaba la "reserva estratégica".

"Ocúpate", me dijo, "tú eres el jefe de la reserva".

La reserva estratégica estaba en una cuevita en la comandancia de La Plata. Eran 10 sacos de azúcar crudo, sacos grandes de 325 libras, cinco cajas de leche condensada y cinco cajas de salchichas.

En una ocasión, Fidel salió a dar un recorrido por el frente y volvió una semana después.

"Bueno Chino, ¿cómo estás? ¿Cómo está la reserva?"

"Comandante, me quedan seis sacos de azúcar".

"¿Cómo que te quedan seis sacos? Eran 10".

"Bueno, pasó fulano, no tenía qué comer. Pasó mengano. Y luego pasó zutano con su pelotón. No tenían qué comer, así que les di un poco de azúcar".

"Chino, te hice jefe de las reservas pero no podías dar nada sin mi autorización", dijo. "Ni siquiera un puñado de azúcar".

No me dijo más nada del azúcar. Al otro día Celia me trajo una notica, del puño y letra de Fidel. "Moisés", decía la nota,

17. Los daños a la economía cubana causados por más de 51 años del embargo norteamericano suman más de 800 mil millones de dólares, informó el gobierno cubano ante Naciones Unidas en noviembre de 2017.

"entrégale las reservas a Otero y tú ocúpate exclusivamente del reparto de la carne. Fidel".

Me acababa de destituir y me nombraba a un cargo que no existía, un cargo ficticio. ¡Porque en aquella época no teníamos carne para repartir!

Me acordé de ese incidente cuando me citaron en el Comité Central para decirme que el Buró Político había aprobado mi nombramiento como presidente del Instituto Nacional de Reservas Estatales.

"Ministro", le dije a Raúl, "yo fui el primer jefe de la reserva estratégica". Y le hice la anécdota de cuando estaba encargado de las reservas en la Sierra Maestra, y de por qué me había destituido Fidel. Luego le dije, "Dígale al comandante en jefe que me podrá destituir por incapaz, por no hacer bien el trabajo, por cualquier otro error, antes que por el uso indebido y sin autorización de la reserva". Quien da autorización para su uso es el comandante en jefe. Esa fue una lección.

Fue cuando regresé a mi despacho en el Ministerio de las Fuerzas Armadas Revolucionarias que pude apreciar lo que representaban aquellos 10 sacos de azúcar de 325 libras. Un gramo de azúcar contiene 4 calorías. Un vaso de agua con azúcar son 1 200 calorías. Con eso uno baja de peso pero no se muere. Con esas reservas, los 200 hombres en la Sierra Maestra podían estar casi dos meses sin recibir nada del exterior. Allí es donde me doy cuenta de la importancia de tener reservas siempre.

Hay un dicho que recoge una verdad profunda: "El jefe que no tenga reservas no es buen jefe". Siempre hay que tener reservas.

WATERS: ¿Cómo ha afectado el Período Especial a las reservas?

SÍO WONG: Durante el período en que casi todos los suministros nos llegaban desde el campo socialista, sobre todo de la Unión Soviética, no había mucha conciencia sobre la necesidad de las reservas.

Cuando creamos el INRE en 1981, habíamos hecho toda una serie de estudios, con ayuda de la Unión Soviética. Había puntos de vista diferentes sobre el papel de ese organismo, y a quién debía estar subordinado. Al principio el INRE estuvo adscrito al Comité Estatal de Abastecimiento Técnico Material. A finales de 1985, como le habíamos prestado muy poca atención al desarrollo de las reservas, se decidió separar al INRE del CEATM y subordinarlo directamente al presidente del Consejo de Ministros, a Fidel.

Esa primera etapa es la que yo llamo la "década perdida". Porque los organismos y los funcionarios correspondientes no tenían conciencia de la importancia de tener reservas para enfrentar cualquier eventualidad. A pesar de las instrucciones del comandante en jefe y los llamados del ministro de las FAR, hubo que librar una dura batalla para realizar esta tarea. Antes del Período Especial, había muchos funcionarios que decían: "¿Si no alcanza para comer, cómo vamos a acumular en las reservas?"

El Período Especial demostró que habíamos estado derrochando recursos y que podíamos haber acumulado una reserva mayor. También demostró la importancia estratégica de las reservas.

Las reservas estatales nos permitieron utilizar el combustible, para que no se paralizara ninguna de las funciones económicas principales, como son la zafra azucarera, la agricultura, la industria. Los alimentos, de modo que se pudo garantizar una cuota básica. Medicinas, para salvar vidas y no tener que cerrar ni un solo hospital. Hasta los lápices y las libretas, para realizar el curso escolar.

Durante el Período Especial hemos logrado avanzar. Pero todavía nos queda mucho por hacer.

Las donaciones que recibimos de todas partes del mundo no se usan como parte de la reserva, aunque las usa el gobierno. El Instituto Cubano de Amistad con los Pueblos (ICAP) y el Ministerio de Inversiones Extranjeras y Colaboración se encargan del control de lo que se recibe y de cómo se distribuye.

El huracán Michelle, que golpeó a Cuba en noviembre de 2001, es un buen ejemplo de cómo ha servido la reserva. Pudimos reparar todos los daños, y lo hicimos en menos de un año. Porque pudimos contar con una reserva de combustible, alimentos, materiales de construcción, techos, postes y cables eléctricos, etcétera. Logramos reparar 160 mil viviendas dañadas en siete provincias, de las cuales 13 mil estaban totalmente destruidas.

El huracán Dennis, en julio de 2005, que azotó 10 provincias, dañó más de 175 mil viviendas, de ellas, 28 mil destruidas totalmente, sumando más de 1.4 mil millones de dólares en pérdidas. Ha sido el más dañino para nuestro país desde 1959. Fue de categoría 5, o sea, la máxima en la escala Saffir-Simpson. La fuerza de los vientos alcanzó más de 300 kilómetros por hora. Hay montañas que sufrieron daños ecológicos que no se recuperan en 50 años.

En contraste con lo que se hace en Cuba, hemos visto las consecuencias de los desastres naturales que ocurren en países mucho más ricos que nosotros, con muchos más recursos. Hace un tiempo leí un artículo sobre los reclamos de indemnización que hacían personas en Florida afectadas por el huracán Andrew, creo. Ese ciclón pasó por allá en 1992 —lo llamaron la "tormenta del siglo"— y hay personas que todavía están esperando que se resuelvan sus reclamos. No han recibido la ayuda que el gobierno les prometió hace más de una década.

En cambio, un año después del huracán Michelle, nosotros

ya lo habíamos reparado todo. Pero además, como fue afectada la agricultura, dimos una cuota adicional de arroz, de granos, de aceite, para las provincias afectadas. Así respondemos a cualquier desastre natural. Es lo que estamos haciendo para lidiar con los daños que causó Dennis.

TERCERA PARTE

El Período Especial y más allá

En respuesta a escaseces de alimentos durante la crisis económica de los años 90, se crearon organopónicos —huertos de hortalizas— en terrenos baldíos en zonas urbanas por toda la isla.

Abajo: Moisés Sío Wong explica el desarrollo del huerto que él inició en el distrito habanero de Miramar, el primero en ser exitoso. Desde la derecha: Gustavo Chui, la editora cubana Iraida Aguirrechu y Mary-Alice Waters.

Las verduras producidas en el huerto abastecen tres círculos infantiles y la escuela primaria Cesáreo Fernández, donde almuerzan diariamente 400 niños. Gracias a estas iniciativas, "los hábitos alimentarios están empezando a cambiar" a medida que las hortalizas frescas se incorporan más a la dieta de los niños cubanos.

Arriba: Izquierda, aula de la escuela Cesáreo Fernández. Derecha, el patio de la escuela está decorado con obras plásticas originales de destacados artistas cubanos.

Esta foto y la de abajo: Martín Koppel/Militant

Luis Madrid/Militant

Enfrentando la crisis alimentaria

WATERS: El desarrollo de la agricultura en pequeña escala, especialmente en las zonas urbanas, ha sido una de las iniciativas importantes que Cuba ha tomado durante el Período Especial. La creación de estos organopónicos en cada municipio fue en respuesta a la severa escasez de alimentos que Cuba enfrentó a comienzos de los años 90. Ha llevado a una notable mejora en la cantidad y la calidad de las verduras frescas que puede adquirir la mayoría de los cubanos. Hoy día casi el mismo número de cubanos que trabajan en los organopónicos trabajan en la agricultura tradicional en gran escala.

General Sío Wong, usted es uno de los que han contribuido a dirigir este esfuerzo desde el principio, así que está en una buena posición para hablarnos de esto.

SÍO WONG: Déjenme ir un poco atrás.

Al triunfo de la revolución en 1959, más del 80 por ciento de la tierra cultivable era propiedad de los latifundistas cubanos y de las grandes familias dominantes norteamericanas, como los Rockefeller, los DuPont y los Morgan, que controlaban gigantescas empresas como la United Fruit y la Compañía Cubana de Electricidad. Por ejemplo, la Compañía Azucarera Atlántica del Golfo, de propiedad norteamericana, era dueña de 18 mil caballerías. La United Fruit Company poseía casi 10 mil caballerías. Había haciendas ganaderas de miles de caballerías en la provincia de Camagüey.

Durante los primeros años de la revolución, la reforma agraria —que se hizo en dos etapas, la primera en 1959 y la segunda en 1963— estableció que en Cuba no podía haber un propietario con más de 5 caballerías de tierra. Aquí una caballería equivale a 13.4 hectáreas, por tanto, son 67 hectáreas o 165 acres. Se nacionalizaron todos los terrenos mayores de 5 caballerías, tanto las enormes propiedades de las familias capitalistas norteamericanas como las de los latifundistas cubanos. Prácticamente todos esos latifundistas se fueron del país, a pesar de que se les ofreció indemnización.[1]

Con la ley de reforma agraria, las demás tierras fueron entregadas a los campesinos que la habían cultivado como aparceros, precaristas, colonos o pequeños agricultores cañeros. Antes de la revolución estos campesinos trabajaban su pedazo de tierra, y a menudo les hacían pagar con hasta la mitad de su producción. Pero esas tierras no eran del campesino. Entonces la revolución —su revolución— les entregó a estos campesinos los títulos de sus tierras, siempre que no pasaran de 5 caballerías, o sea, 67 hectáreas. Se entregaron 100 mil títulos de propiedad.

Gracias a la reforma agraria, un 20 por ciento de la tierra cultivable pasó a ser propiedad de pequeños agricultores y un 80 por ciento propiedad estatal. Nuestra revolución tuvo la característica de que no dividió los latifundios, como en otros países que habían hecho una reforma agraria. Fue una decisión muy sabia de Fidel y de los otros dirigentes el no dividir los latifundios. En ese 80 por ciento se crearon grandes

1. A los grandes propietarios se les ofreció bonos amortizables en 20 años, con un interés anual del 4.5 por ciento. La tasación de su tierra se basó en el valor que ellos mismos habían declarado para fines impositivos en octubre de 1958.

empresas estatales cañeras y ganaderas.

Desde temprano desarrollamos relaciones comerciales con la Unión Soviética en condiciones favorables. Si subía el precio que le teníamos que pagar a la URSS por el petróleo, subía el precio al que le vendíamos el azúcar. En los convenios a largo plazo —que es como se vende la mayor parte del azúcar en el mercado mundial— los soviéticos nos pagaban hasta 40 centavos de dólar la libra, aun cuando en el mercado mundial había bajado a 10 o a 15 centavos. Era conveniente para nosotros. También lo era para ellos porque producir azúcar de remolacha les costaba hasta 80 centavos de dólar.

Nosotros desarrollamos toda la producción agrícola del país en torno en esas relaciones. Muchas veces nos critican por desarrollar la agricultura así. Pero eso nos permitió construir represas, electrificar el campo y crear toda la infraestructura agroindustrial que tenemos ahora.

En 1989 teníamos más tractores por hectárea cultivable que cualquier otro país del mundo. Cuba tiene 7 millones y medio de hectáreas cultivables, y en 1989 teníamos 110 mil tractores. Teníamos tantos tractores y el combustible era tan barato que los tractores no solo se usaban en la agricultura sino hasta para pasear, para ir a ver a la novia.

Desde ese punto de vista, las relaciones económicas con la Unión Soviética eran favorables para un país pequeño como nosotros. Eran favorables también para la URSS desde el punto de vista de un suministro estable de azúcar a largo plazo y, ya en menor escala, de otros productos.

WATERS: Desde los primeros días, como afirmó Fidel en 1960, la autosuficiencia alimentaria y la diversificación de la agricultura eran la meta de la revolución. Pero no fue lo que pasó. El ministro del azúcar Ulises Rosales del Toro se lo recordó a la Asamblea Nacional hace unos años, señalando que esa estrategia se había aplazado debido al "mercado a precios justos y estables con la URSS y otros países socialistas" que usted ha venido describiendo.

¿Qué significó para el cultivo de hortalizas este enfoque en la producción y el comercio azucarero?

SÍO WONG: Cuba era un país que exportaba hortalizas. Había un ferry que iba de La Habana a Cayo Hueso. El viaje tardaba siete horas. Mi familia vivía en el Malecón, y yo me acuerdo del vapor *Florida*. Veía los grandes camiones con tomates, habichuelas y lechuga que embarcaban ahí.

Pero pasamos a ser importadores de hortalizas. Venían enlatadas o en pomos de Bulgaria, de Albania, de la Unión Soviética: a cambio de azúcar.

Comienzo del Período Especial

A principios de los 90 la Unión Soviética y el campo socialista ya se habían caído, y de un día para otro comenzó el Período Especial en Cuba. Prácticamente se paralizó el país. Tuvimos que aplicar las medidas que teníamos previstas para tiempos de guerra, en caso de un bloqueo militar y una agresión que interrumpieran el flujo de suministros. En su conjunto denominamos estas medidas "Período Especial en tiempo de paz", porque se adoptaron las mismas medidas que teníamos previstas para los tiempos de guerra para enfrentar la necesidad de trabajar sin combustible importado u otros recursos.

Nosotros recibíamos 13 millones de toneladas de petróleo al año, que nos llegaban de la Unión Soviética a precios preferenciales a largo plazo. Se compraba con nuestro azúcar. De repente tuvimos que trabajar con 6 millones de toneladas de petróleo comprado en el mercado internacional, a precios del mercado internacional. El 85 por ciento de nuestro comercio exterior había sido con la Unión Soviética y otros países socialistas. Nuestra capacidad de compra de 8 mil millones de dólares en bienes cayó en un año a 2 mil millones. Nos alcanzaba solo para comprar un poco de petróleo, y alimentos y medicamentos esenciales, en el mercado internacional. Se nos redujo la capacidad de compra en el exterior en casi el 80 por ciento.

Se pararon todos aquellos tractores que tragaban gasolina, las guaguas (autobuses). El gobierno chino nos empezó a mandar millones de bicicletas. ¿Ustedes recuerdan que a principios de los 90 La Habana parecía Beijing, con millones de bicicletas? Millones.

Ante la crisis, en 1993 el gobierno tomó una serie de medidas para salvar la revolución. Muchas de estas no nos gustaban porque aumentaban las desigualdades. Nosotros siempre habíamos luchado por una sociedad más justa, una sociedad socialista, que garantizara las principales necesidades de toda la población: salud, educación, alimentación, construcción de viviendas, todo.

Pero tuvimos que tomarlas. Una de esas medidas fue permitir la libre circulación del dólar. Antes eso estaba prohibido por ley.[2] Se creó el mercado libre campesino, donde los

2. Con el colapso de la producción a comienzos de los 90, se desplomó el valor del peso. Mientras oficialmente mantenía la paridad con el dólar estadounidense, a mediados de 1993 un dólar se cambiaba hasta por 150 pesos en la bolsa negra. En julio de 1993 se despenalizó la circulación del dólar y se abrieron tiendas que vendían mercancías importadas en dólares. Cuando la caída económica tocó fondo durante el Período Especial y se recuperó la producción, la tasa de cambio se estabilizó en 25 pesos por dólar.

   Como parte de sus presiones recrudecidas contra Cuba, Washington obstaculizó más y más el uso del dólar en las transacciones internacionales. En respuesta, en noviembre de 2004 el gobierno cubano anunció que el dólar estadounidense dejaría de circular libremente en Cuba. Aunque los cubanos todavía pueden recibir dólares, ellos y los turistas deben cambiarlos por lo que se llama pesos cubanos convertibles (CUC).

agricultores podían vender sus productos directamente a la población a precios que no se regulaban. Se abrieron posibilidades para los trabajos privados, el trabajo por cuenta propia. Ahí es donde surgen los famosos "paladares", unos pequeños restaurantes de 12 sillas. El nombre paladar viene de una novela brasileña que estaba de moda en aquellos días. Dentro de eso también se le dio énfasis al turismo internacional. Y se hizo una mayor apertura a la inversión extranjera y a la creación de empresas mixtas.

Tuvimos que dejar de ofrecer muchas cosas gratuitamente. Por ejemplo, empezamos a cobrar por los espectáculos deportivos como el béisbol, aunque no mucho. ¿Cuánto vale ahora? Un peso, dos pesos. Son cinco o 10 centavos de dólar. Es muchísimo menos que en Estados Unidos, donde el boleto a un partido de béisbol puede costar 50 o 100 dólares.[3]

No nos gusta esa desigualdad entre los que tienen dólares y los que no. Por eso se abrieron las llamadas tiendas de dólares. Fue una fórmula que se ideó para recoger divisas y compensar los programas sociales que benefician a todo el mundo. Algunas incluso se llaman TRD, Tiendas Recaudadoras de Divisas.

Se crean los organopónicos

WATERS: ¿Cómo se originó la agricultura urbana en pequeña escala?

SÍO WONG: Había dicho que una de las medidas que tomamos al principio del Período Especial fue ampliar el sector del turismo para captar divisas. Pero al crecer los hoteles turísticos, hacía falta un mayor abastecimiento de hortalizas frescas. Nosotros traíamos en avión hortalizas de Mé-

3. En 2017 un boleto para un partido de los Yankees de Nueva York costaba como promedio 106 dólares.

xico, Jamaica y otros países. Nuestros pilotos lo llamaban el "vuelo de la vergüenza". O sea, le cobraban al turismo 35 mil dólares por un vuelo para traer tomate y lechuga, y era una vergüenza no producirlos aquí.

Esta foto que ven aquí es histórica [ver pliego de fotos], es del 27 de diciembre de 1987, unos años antes de que empezara el Período Especial. Aquí pueden ver a Raúl Castro y Vilma Espín cuando visitan una unidad militar. Durante la visita Raúl ve a esta ingeniera, Ana Luisa Pérez, que había sembrado hortalizas en unos pregerminadores de plátano con buenos resultados. Entonces él da la orientación de desarrollar y generalizar este método de cultivo. Se dicta una directiva para las unidades militares. De ahí se desarrolló lo que llamamos organopónicos. El nombre viene del hecho de que se basa fundamentalmente en el uso de materias orgánicas.

El general Néstor López Cuba fue el primero que hizo un organopónico. Tenía una hectárea. Era entonces jefe de la División 50 en Oriente. Se hizo el organopónico justo al lado de la base donde radicaba esa unidad, y lo trabajaban los familiares de los oficiales y de los soldados. López Cuba era un viejo campesino. Eso a él le gustaba.

Aquí en Ciudad Habana se creó Hortifar, un centro de las fuerzas armadas que sobre todo produce vegetales.

Entonces los organopónicos se desarrollaron primero dentro de las fuerzas armadas. En la parte civil seguíamos importando hortalizas.

Cuando se celebró el Cuarto Congreso del partido en Santiago de Cuba en octubre de 1991, el Período Especial apenas comenzaba. Pero ya estaba claro que la tarea principal era el programa alimentario.

A comienzos de diciembre hicimos la asamblea aquí en el Instituto Nacional de Reservas Estatales y decidimos hacer un organopónico. A los 54 días se cosechó la primera lechuga.

Fuimos limpiando un lote baldío al otro lado de la calle, llenándolo y sembrándolo. Empezamos el 5 de diciembre de 1991 y cosechamos la primera lechuga el 28 de enero, el día del aniversario del natalicio de José Martí.

Pero no todos estaban contentos con lo que estábamos haciendo.

Hay una anécdota. El 31 de diciembre de 1991, en el Consejo Militar del Ministerio de las Fuerzas Armadas Revolucionarias, le informé al ministro [Raúl Castro] que habíamos empezado a construir el huerto y que muchas personas nos criticaban. Decían, "¿Cómo en el Período Especial ustedes están usando bloques y cemento, gastando esos materiales tan escasos, para hacer un organopónico?"

Raúl les contestó, "Yo sé que hay unos jefes que están criticando a Sío Wong, pero lo que tienen que hacer es seguir su ejemplo y producir alimentos. Además, ese organopónico lo apadrino yo".

Entonces Raúl me preguntó, "Bueno ¿cuánto vas a producir?"

Yo había oído que en China se producían 25 kilos [55 libras] de hortalizas por metro cuadrado. Entonces le dije, "Yo creo que puede producir 25 kilos por metro cuadrado".

Un compañero sacó la calculadora: 25 kilos por metro cuadrado son 75 mil quintales [7.5 millones de libras] por caballería [13.4 hectáreas o 33 acres].

"¡75 mil quintales por caballería! ¿Tú estás loco?"

Si una caballería llega a 10 mil quintales en el año es mucho: 10 mil de cualquier cosa. O sea, 75 mil quintales era una cosa extraordinaria.

"Bueno", dije, "vamos a experimentar".

¿Cómo empezamos? Primero pusimos a dos compañeros, el jefe y el fitosanitario. Luego hicimos brigadas de trabajo voluntario del instituto. Durante tres años —1992, 1993, 1994—

no logramos más de 10 kilos por metro cuadrado.

A principios de 1995 pedimos permiso para establecer un nuevo sistema de remuneración, que violaba todas las leyes establecidas aquí. ¿Por qué? El trabajo agrícola es uno de los más duros. Incluso cuando una gran parte de nuestra agricultura, llamémosla convencional, estaba mecanizada con tractores, cosechadoras, etcétera. Pero el salario de un obrero agrícola es de 148 pesos. El salario medio en Cuba es de unos 250 pesos.[4] Entonces pedimos permiso para dar un estímulo. Se parece a una cooperativa, donde la tierra le pertenece al estado, como las UBPC que se crearon en 1993 a partir de las granjas estatales. Voy a explicar cómo funciona.

El trabajador del organopónico recibe un anticipo de 225 pesos al mes —es como un anticipo salarial— y eso se lleva a gastos. Se le cobra la luz, el agua, la semilla, etcétera. El 50 por ciento de la ganancia neta de la unidad se reparte entre los trabajadores. Ese es el primer principio.

El segundo principio: el reparto es desigual. La ganancia se reparte bajo la regla de que el que más trabaja, más gana.

El tercer principio, la persona encargada del organopónico gana un 10 por ciento más que el trabajador que más gane, como estímulo para que asuma la responsabilidad de ser administrador. Uno de los principales méritos del sistema es que a los que trabajan la tierra —y es uno de los trabajos más fuertes— hay que pagarles de acuerdo con los resultados.

En otros países —lo estamos viendo ahora en Venezuela—

4. Estas cifras corresponden a los salarios antes de 2005. En abril de 2005 el salario mínimo en Cuba fue aumentado de forma demostrativa de 100 a 225 pesos mensuales. Más de 1.6 millones de trabajadores, incluida la gran mayoría de los obreros agrícolas, se beneficiaron con la medida, que aumentó el salario medio en Cuba a 312 pesos mensuales. En 2016 el salario mínimo en Cuba era 225 pesos y el salario medio 690 pesos.

los intermediarios son los que más ganan. El productor, el campesino productor, es al que menos le pagan en los países capitalistas. Así funciona en todas estas naciones subdesarrolladas. Y aquí estaba pasando una cosa igual, a pesar de que teníamos empresas de acopio estatales.

A fines de 1995 le informé al Consejo Militar que habíamos llegado a 30 kilogramos por metro cuadrado: un 20 por ciento más de lo proyectado. "¿Cuál fue el milagro?", me preguntaron.

No hay "milagro", contesté. Los resultados se deben al trabajo sistemático, sostenido, intensivo. Durante 8, 9 o 10 horas al sol totalmente. Todos los días hay que regar y atender las plantas: el 31 de diciembre, el 1 de enero, el día de Navidad, el Primero de Mayo. Eso no tiene ni sábado ni domingo. Hay que trasplantar después de las cuatro de la tarde porque si no se mueren las plantas, les afecta el sol. Hay que desyerbar, fertilizar, escardar. Hay que producir la materia orgánica, todo.

Pero el resultado es que, en ese pedazo de tierra que ustedes van a ver, se producen 60 toneladas de vegetales al año, 30 kilos por metro cuadrado de tierra cultivable, es decir, 300 toneladas por hectárea. Es un cultivo muy intensivo.

Esto prácticamente fue el despegue de este movimiento que hicimos para aprovechar todos los espacios libres en las ciudades y en los alrededores de las ciudades.

Nosotros no le llamamos agricultura orgánica, porque la agricultura orgánica, los productos orgánicos requieren una certificación internacional. Hay un organismo internacional que certifica. Viene y mide los niveles de contaminación, etcétera. Pero prácticamente no empleamos productos químicos. Usamos materia orgánica y control biológico. Por eso decimos que los productos nuestros son organopónicos, agroecológicos. Nuestros científicos trabajaron duramente para descubrir todos los controles biológicos para el combate de las plagas. Porque los productos químicos, primero, son muy costosos y, segundo, pueden contaminar el medio ambiente. Esa es una inquietud aquí en la ciudad. Entonces usamos materia orgánica y el control biológico. Esto lo producimos en un laboratorio.

Usamos el sistema de riego localizado, que es un sistema de riego muy eficiente que inventaron los israelíes y que gasta un mínimo de agua. Eso también tiene importancia estratégica: poder cultivar alimentos aun si se interrumpen los suministros de agua, ya sea por una sequía o por una acción enemiga. También está la producción de semillas a nivel de todo el país.

Desarrollo del movimiento

En 1995 habían solo 257 hectáreas de organopónicos a nivel de todo el país. Era un tabú decir que estaba bien que un trabajador ganara mil pesos. Cuando Raúl Castro vino aquí en 1997 después de un viaje que hizo a China, vio el organopónico desde mi oficina en el cuarto piso. Concluyó que no era un delito ganar mil pesos trabajando honradamente. Y lo declaró públicamente.

Después de eso, las cosas empezaron a cambiar.

Para el año 2003, teníamos 45 mil hectáreas de organopónicos y otros tipos de huertos intensivos. Miren cómo aumentó la producción, desde 4 200 toneladas en el año 1994, hasta casi 4 millones de toneladas de hortalizas y vegetales en 2004.

En esta producción ya sobrepasamos la que yo llamo agricultura convencional.

En la agricultura urbana trabajaban más de 380 mil personas a finales de 2004. En la agricultura convencional unas 420 mil personas. En toda la agricultura urbana trabajan 82 mil mujeres. Hay jóvenes, técnicos medios, cerca de 40 mil jubilados, unos 10 mil profesionales.

Si usted hace el cálculo, ve que en cada hectárea pueden trabajar productivamente 20 personas. En solo dos años disminuyó la tasa de desempleo en Guantánamo del 7.1 por ciento en 2001 al 5.1 por ciento. Santiago fue del 9.1 al 2.9 por ciento, Granma del 10.7 al 3.4 por ciento. O sea, la cantidad de empleos que se crearon se acerca a casi 80 mil. En los últimos años la agricultura ha sido la que más fuentes de empleo ha creado. A finales de 2003 la tasa de desempleo estaba en 2.3 por ciento. A nivel internacional, una tasa menor del 3 por ciento puede considerarse óptima.

El Período Especial nos obligó a desarrollar esta agricultura, aunque se tuvo que librar una batalla tremenda. La FAO (Organización de Naciones Unidas para la Alimentación y la Agricultura) ha reconocido que Cuba es el país que ha logrado masificar la agricultura en pequeña escala. Es algo que se quiere en el mundo: hacer una agricultura agroecológica, sustentable, que produzca los alimentos que la población mundial necesita, que proteja el medio ambiente y reduzca la contaminación.

Hemos logrado desarrollar esto en Cuba: porque los trabajadores y los agricultores hicieron una revolución socialista. En Cuba la producción agropecuaria no está dirigida por empresas capitalistas que tratan de controlar mercados y aumentar sus ganancias al máximo. Está dirigida por la necesidad de suministrar alimentos en abundancia para la salud y para la vida.

Elementos del sistema de agricultura urbana

La producción agropecuaria en Cuba se organiza de diferentes formas, y los que trabajan en la agricultura urbana están organizados de diversas maneras.

Están las empresas estatales.

También están las Cooperativas de Producción Agropecuaria, las CPA. Son campesinos dueños de tierras que las unieron y las trabajan juntos.

Están las Cooperativas de Crédito y Servicio, las CCS. Estos son campesinos dueños de tierras que las trabajan, pero que se ayudan y comparten servicios y equipo y reciben créditos del gobierno. Eligen una junta directiva de la cooperativa.

Existen las UBPC que mencionamos antes, las Unidades Básicas de Producción Cooperativa. Se establecieron en 1993; eran granjas estatales que fueron reorganizadas y convertidas en cooperativas. Las tierras son estatales, pero el producto del trabajo en la UBPC pertenece a los miembros de la cooperativa.

Están los patios. La gente también produce en sus patios.

Y otra forma es la de los parceleros: a todo el que quiera una parcela de tierra para cultivar, se le entrega en usufructo.[5]

Todos, en una medida u otra, participan en la agricultura

5. En 2008 el gobierno cubano aprobó el Decreto-Ley 259, luego ampliado por el Decreto-Ley 300, medidas que autorizan la entrega gratuita de tierras ociosas a personas que acuerden cultivarlas. El propósito era recuperar tierras que no se habían cultivado por la escasez de semillas, fertilizante, pesticidas y combustible durante el Período Especial. En 2016 ya se había otorgado 220 mil contratos de usufructo a trabajadores en las ciudades y el campo, pequeños agricultores y cooperativas agropecuarias, entregándose casi 2 millones de hectáreas. Sin embargo, no toda esta tierra estaba explotada, y otras 900 mil hectáreas no habían sido solicitadas.

En 2017 el Decreto-Ley 300 fue modificado en varios sentidos. El tiempo de usufructo fue prolongado: de 10 a 20 años para los agricultores individuales, y a tiempo indefinido para las cooperativas. Se permitió edificar viviendas, almacenes y otras instalaciones en los terrenos. Y se autorizó que los usufructuarios establezcan contratos con cooperativas agropecuarias y granjas estatales para aumentar su acceso a equipos para limpiar la tierra y otro apoyo técnico.

urbana, que no es más que una agricultura en pequeña escala. Así es como se conoce mundialmente.

Aquí en esa época no se le podía poner ese nombre. Porque nuestra política, en el Ministerio de Agricultura y toda su dirección, era desarrollar la agricultura en gran escala, con grandes empresas. Era un tabú hablar de agricultura en pequeña escala. Entonces le buscamos un nombre, le llamamos agricultura urbana.

¿Pero qué es agricultura urbana? Todo lo que se cultiva en la ciudad de La Habana y sus alrededores se ubica en esta categoría. Todo lo que está dentro de un radio de 10 kilómetros de una capital de provincia es agricultura urbana. Todo lo que está a cinco kilómetros o menos de un municipio. Y a dos kilómetros de una comunidad de más de mil habitantes. Todo eso se clasifica como agricultura urbana. Pero no es nada más que una agricultura en pequeña escala. Que lo mismo se puede hacer en la ciudad y los alrededores, que en una pequeña comunidad.

Así se desarrolló en todo el país esta agricultura en pequeña escala. Es tanto urbana como rural.

Esta agricultura tiene el potencial para aumentar no solo la cantidad sino la calidad de los alimentos que se producen para el consumo. La FAO recomienda entre 300 y 400 gramos diarios de hortalizas, no menos de 300. Es lo que recomienda para obtener la cantidad de vitaminas y minerales que necesita el cuerpo humano.

Es importante, porque la dieta tradicional del cubano consistía de arroz, frijoles, viandas y carne. El cubano comía muy pocos vegetales. Puede decirse que en Navidad se comía el tomate, la lechuga, el rabanito. Pero aquí no hay una cultura de comer vegetales. No como en otros países como China, donde hay un hábito.

Entonces en el año 2001 Fidel indicó que con este sistema de agricultura urbana se iba a abastecer de alimentos a los círculos infantiles y las escuelas. Era parte de la Batalla de Ideas y del perfeccionamiento de la educación. Se empezó por La Habana. Cada organopónico, huerto intensivo o cooperativa está vinculado a distintos centros escolares, y también suministran a los comedores de los círculos infantiles, hogares de ancianos, hospitales, etcétera.

En nuestro organopónico, INRE 1, por ejemplo, lo hemos hecho desde 1992. Les damos hortalizas a los círculos infantiles que están a unas cuadras de aquí. Ahora la empresa abastece de productos a tres círculos infantiles, más la escuela primaria de la que somos padrinos, la Cesáreo Fernández, que vamos a visitar más tarde. Allí almuerzan diariamente unos 400 niños, con un per cápita diario de 125 gramos de hortalizas.

Y hemos tenido logros. Los hábitos alimentarios están empezando a cambiar.

La espinaca, por ejemplo. Empezamos a sembrar la espinaca, pero antes los cubanos no comían espinaca. Le decían espinaca de Popeye, como tiene mucho hierro. Los médicos empezaron a recomendarla para los niños de bajo peso. Entonces el consumo viene creciendo. La gente se ha acostumbrado a comer espinaca y ahora la pide. En el invierno la espinaca crece un poco más lentamente, así que eso nos crea un problema.

Igual con la acelga. La gente ahora la pide. La come.

WATERS: ¿Cómo se organiza la distribución de los productos cultivados en los organopónicos?

SÍO WONG: Eso se vende directamente a la población. El primer principio: se vende directamente donde se produce.

WATERS: ¿No hay otra distribución?

SÍO WONG: Sí, también, por ejemplo, la Empresa Hortícola Metropolitana tiene un centro que acopia. Les compra a los campesinos lo que producen, y lo distribuye también en los mercados, vende a los hoteles, vende al turismo. Es una gran empresa que tiene contrato con los campesinos y también tiene organopónicos propios.[6]

Hay lo que se llama el mercado libre campesino, que es de oferta y demanda libre.

Pero hay otros donde el precio sí está regulado. En el organopónico aquí nuestros precios están regulados. Se llaman "topados" porque tienen un precio máximo.

WATERS: ¿Los topados son estatales?

SÍO WONG: Sí. Aquí una comisión municipal se reúne mensualmente y establece los precios. En el invierno, por ejemplo, la lechuga baja el precio porque hay una gran producción, pero en verano aumenta el precio. Mensualmente se hace un listado de precios. Hay unos 70 mercados topados aquí en La Habana, donde se vende a un precio máximo. Y proviene también de estas producciones. Y del Ejército Juvenil del Trabajo, que también tiene una producción para los topados,[7] aunque ellos tienen sus fincas en el campo, no en la ciudad.

Donde no están topados los precios es en el mercado campesino, que mencioné antes. Es otro tipo de mercado.

WATERS: ¿Por qué vende el agricultor a los mercados topados? ¿No pueden ganar más vendiendo en el mercado no regulado? ¿Qué estímulo hay?

SÍO WONG: A muchos productores les conviene ese mercado topado, porque la mayoría de los agricultores no tienen forma

6. En 2011 un nuevo reglamento autorizó que las cooperativas agropecuarias y fincas estatales vendieran directamente a los hoteles y restaurantes. Dos años más tarde la medida fue modificada para permitir que los pequeños agricultores individuales hicieran lo mismo. También se amplió el número de productos que pueden ser vendidos directamente a las entidades turísticas.

7. Ver glosario, Ejército Juvenil del Trabajo.

de trasladar su producto al mercado no regulado para venderlo. Tienen que pagarle a un intermediario. Entonces firman convenios para venderles a los topados. Al consumidor le conviene también, porque los precios son más bajos.

Capitalismo, socialismo y medio ambiente

WATERS: General Choy, actualmente usted es presidente del Grupo de Trabajo Estatal para sanear la Bahía de La Habana. El gobierno cubano decidió enfrentar este inmenso desafío ambiental durante el Período Especial. Igual que la respuesta a la crisis alimentaria que Sío Wong describió, capta algunas de las formas en que la revolución se ha fortalecido. Como lo planteara Fidel, "quizás un día haya que hacerle un monumento al Período Especial".

¿Por qué llegó a estar la Bahía de La Habana en tan malas condiciones y cómo surgió el proyecto para sanearla?

CHOY: La Bahía de La Habana y su puerto tienen el peso fundamental en el comercio de importación y exportación de Cuba. Así ha sido desde la etapa colonial. Un 70 por ciento de todas las importaciones entran por el puerto de La Habana. Y, excepto el azúcar y el níquel, el 90 por ciento de las exportaciones salen por el puerto de La Habana. El Ministerio del Azúcar tiene sus propios puertos. El níquel sale por Moa.[8]

8. En 2014 el gobierno cubano abrió una Zona Especial de Desarrollo en el Puerto de Mariel, 50 kilómetros al oeste de La Habana. Comprende un puerto de gran calado, una terminal de contenedores y una zona franca. Las nuevas instalaciones tienen capacidad para los barcos de contenedores más grandes que pasan por las exclusas recientemente ampliadas del Canal de Panamá. Se ha ido

Antes de la revolución, como era de suponerse, este ecosistema costero de la bahía no se protegía de una contaminación indiscriminada. En los primeros años de la revolución se reconoció el problema, pero no se tomaron medidas para sanear y conservar la bahía.

No es solo la bahía. El problema está también en la cuenca hidrográfica, o tributaria, que abarca 70 kilómetros cuadrados. Hay ahora 104 empresas ubicadas en esa zona que contaminan la bahía.

Sin mencionar el alcantarillado, por su insuficiencia. El sistema de alcantarillado se empezó a construir en 1913 y se concluyó en 1915. Ciudad Habana tenía entonces 300 mil habitantes. El sistema se calculó para el doble, para 600 mil personas. Pero ahora debe servir a más de 800 mil. No hay capacidad para que eso le dé salida a todas las aguas albañales. Por eso hay mucho reboso en las calles.

Después del triunfo de la revolución, distintas instancias de dirección del país trataron y emprendieron acciones, pero no se progresó mucho. A nivel de las provincias y los municipios existían comisiones del medio ambiente antes de los años 90, y en algunos lugares había comisiones de ciencia, tecnología y medio ambiente, y aún las hay. Pero una organización encargada concretamente de sanear la bahía no existía.

En 1996 y 1997 y principios de 1998, cuando íbamos saliendo de los peores años del Período Especial, instituciones investigativas, científicas y sociales —financiadas por Naciones Unidas— estudiaron el problema de la contaminación de

trasladando el tráfico de contenedores hacia Mariel, mientras que La Habana continúa recibiendo carga general así como cruceros y barcos de pasajeros. Se proyecta que Mariel reemplazará La Habana como principal puerto del país.

la bahía. Se determinaron las fuentes causantes de su pésimo estado ambiental. El 15 de junio de 1998, el Comité Ejecutivo del Consejo de Ministros aprobó crear el Grupo de Trabajo Estatal para el Saneamiento, Conservación, Desarrollo y Mantenimiento de la Bahía de La Habana y su Cuenca Tributaria. Se conoce por sus siglas, GTE-BH.

La presidencia del Grupo de Trabajo Estatal acordó tener como base de su proyección de trabajo los estudios realizados y las 21 recomendaciones globales resultantes de esos estudios para sanear esta rada.

Se elaboró un primer programa de saneamiento de 10 años, divididos en dos quinquenios. En el 2004 se culminó la primera etapa. Los resultados son alentadores. Las muestras y pruebas de laboratorio de la calidad del agua demuestran que van disminuyendo los elementos contaminantes, y a la vez se ha elevado el nivel de oxígeno. Esto ha permitido que regresen los peces a la bahía y detrás de ellos, pelícanos y gaviotas para alimentarse.

No obstante estos pequeños logros, las aguas continúan en un mal estado.

Hemos emprendido intensas gestiones ambientales y de saneamiento en cooperación con varias instituciones nacionales e internacionales, y también con otros gobiernos, entre ellos Bélgica, Italia, Alemania y Japón.

Con la Delegación Provincial de la Agricultura se ha comenzado la reforestación de la cuenca tributaria. Con esta, al concluir el plan en 2007, habremos sembrado más de un millón de posturas para purificar y mejorar la calidad de la atmósfera de la capital y preservar la tierra fértil para que no se vaya con la correntía al producirse fuertes lluvias.

Con la Dirección Provincial de Servicios Comunales estamos implantando un sistema de recogida selectiva de basura en el recinto portuario en primer lugar, y posteriormente en toda la cuenca.

Con el Ministerio de Salud Pública estamos desplegando en el entorno de la bahía un sistema que tendrá siete estaciones de monitoreo atmosférico, que será el primero en América Latina. Las estaciones van a determinar automáticamente cualquier variación negativa en la calidad del aire y dónde se ha producido. Eso les permitirá a los médicos-inspectores localizar la fuente de contaminación atmosférica y pedir que no continúe.

Estamos construyendo una gran planta de tratamiento de agua en la orilla del río Luyanó, uno de los peores contaminadores de la bahía. Debe terminarse a mediados de 2006. Esta planta podrá tratar y purificar hasta mil litros por segundo. A principios del 2005 se comenzó a construir otra planta, también en la margen del río Luyanó. Sus aguas están muy contaminadas porque este río atraviesa San Miguel del Padrón, el municipio que más fábricas tiene en Cuba, y todas las aguas residuales van a parar al Luyanó. Además, viven muchas personas en sus orillas, y todas las aguas albañales van para el río.

La política del gobierno es ir controlando el trabajo en la margen del Luyanó, ir cambiando la producción o trasladando empresas que contaminan la bahía. Por ejemplo, había cuatro mataderos, tres de reses y uno de cerdos. Fueron trasladados, porque toda esa contaminación orgánica iba a parar al río.

En lo referente al problema del alcantarillado, recibimos ayuda del gobierno de Japón, y se hizo un plan maestro sobre esto y para el drenaje pluvial de la bahía de La Habana y su cuenca tributaria. Ahora hay que buscar dinero para empezar a implantarlo en el año 2008. Se proyecta tenerlo cumplido en 2020.

KOPPEL: ¿Tiene autoridad el Grupo de Trabajo Estatal para

hacer cumplir sus decisiones?

CHOY: Sí. Tenemos la jurisdicción sobre todos los problemas que afectan la Bahía de La Habana y su cuenca tributaria. Y establecemos normas exigentes a todo el mundo, incluso a los ministerios del gobierno.

La semana pasada, por ejemplo, yo envié una carta al ministro de la industria básica. Hubo un gran derrame en la refinería de petróleo Ñico López, que contaminó la bahía y afectó aún más el estado de las aguas. Se la envié directamente al ministro, que es miembro del Buró Político. Pero nosotros tenemos el mandato del gobierno y lo cumplimos. Ninguna comisión provincial o municipal tiene esa autoridad, nosotros sí.

Además, para hacer cualquier remodelación de una fábrica ubicada en la bahía o su cuenca tributaria, o instalar una nueva, tienen que mandarnos los planos para que les demos el visto bueno. Nosotros los analizamos y le informamos al Ministerio de Ciencia, Tecnología y Medio Ambiente, CITMA, que estamos de acuerdo. Entonces el CITMA manda el visto bueno si nosotros lo damos. Si no, no lo da.

Es un trabajo muy complejo. Aquí hay entidades que contaminan la bahía, que a su vez son la responsabilidad de 11 ministerios distintos. Estas empresas están dislocadas en 10 de los 15 municipios de la capital. Cada municipio tiene un vicepresidente que atiende el medio ambiente, así como una comisión municipal del medio ambiente. Además existe una comisión provincial del medio ambiente. En el ámbito que abarca la bahía y su cuenca tributaria, hay 42 consejos populares, que son las esferas base de la dirección.[9]

9. Los consejos populares se formaron en 1992 en los barrios, poblados y zonas rurales de Cuba. Son órganos locales del Poder Popular, según se conoce el gobierno electo de Cuba. Los consejos

Es decir que hay que trabajar y hacer que trabajen muchas personas y muchas organizaciones. Eso es un reto, pero lo estamos logrando.

El puerto de La Habana

WATERS: Usted tiene otra responsabilidad que está estrechamente vinculada a la anterior, en relación a la operación del puerto de La Habana.

CHOY: Soy el delegado del ministro de transporte en el puerto de La Habana, y organizo la administración portuaria, que es algo nuevo en Cuba.

Aquí existía una ley de puertos desde la etapa colonial, a la que se le hicieron algunas modificaciones. En 2002 se aprobó una nueva ley de puertos. Estableció la administración de los puertos, empezando aquí en La Habana. Entonces fui designado presidente de la administración del puerto de La Habana. Al igual que con el Grupo de Trabajo Estatal, es algo que no existía en Cuba. Hemos tenido que tomar experiencia sobre la marcha.

Nuestro trabajo tiene que ver con las operaciones marítimas portuarias. Organizamos la llegada de los buques, decidimos dónde van a atracarse y supervisamos la descarga, la extracción de las cargas y el envío para las provincias.

WATERS: Los obreros portuarios han sido históricamente

---

populares están integrados en su mayoría por delegados electos, además de representantes designados por las organizaciones de masas (sindicatos, federación de mujeres, etcétera), el Partido Comunista, la Unión de Jóvenes Comunistas y las principales instituciones y entidades de la localidad. Los consejos tienen la responsabilidad de lograr la mayor eficiencia en la producción y los servicios de su zona, así como promover la mayor participación posible de la población para resolver problemas. Facilitan la colaboración entre las entidades de su localidad y supervisan los programas que estas desarrollan.

uno de los sectores más conscientes y combativos de la clase trabajadora cubana…

CHOY: Sí, muy combativos, muy revolucionarios.

WATERS: … y siempre un alto porcentaje de los portuarios han sido negros.

CHOY: Sí. Es más, en el puerto al referirse a los estibadores, desde hace mucho se decía, "los negros allá abajo".

Hoy día los estibadores ganan muy buen salario, además de ganar una buena estimulación en moneda convertible. A veces, dependiendo de la cantidad de buques que vienen, pueden ganar 50 o 60 dólares mensuales o hasta 100 dólares. Encima de su salario normal, que está entre los 220 y 350 pesos. Los administrativos y los que trabajan en oficinas ganan menos. Los estibadores son quienes más ganan: los que están allá abajo, cargando sacos, descargando buques, cargando camiones.

El puerto trabaja las 24 horas. Los turnos de trabajo duran 7 horas y 20 minutos. En casos excepcionales los estibadores acuerdan trabajar turnos de 12 horas, pero son pocos los casos.

Además, se presta atención especial a atender las necesidades del hombre en el trabajo, que es una labor muy fuerte, rigurosa. Por ejemplo, en las bodegas de los barcos, donde los estibadores trabajan sacando sacos, hace un calor grande. Constantemente hay que bajarles agua fría.

KOPPEL: Lo que describe refleja una realidad social diferente de la que viven los trabajadores en el capitalismo.

CHOY: Esa era la idea que quería plantear.

WATERS: Volvamos al hecho de que el saneamiento de la Bahía de La Habana fue abordado como tarea urgente en medio del Período Especial. Eso es impresionante.

CHOY: A comienzos de los 90, cuando Fidel explicó públicamente las medidas que tendríamos que adoptar para que

El capitalismo es responsable de la destrucción del medio ambiente

[Las sociedades capitalistas desarrolladas son] las responsables fundamentales de la atroz destrucción del medio ambiente...

No es posible culpar de esto a los países del Tercer Mundo, colonias ayer, naciones explotadas y saqueadas hoy por un orden económico mundial injusto.

La solución no puede ser impedir el desarrollo a los que más lo necesitan...

El intercambio desigual, el proteccionismo y la deuda externa agreden la ecología y propician la destrucción del medio ambiente.

Si se quiere salvar a la humanidad de esa autodestrucción, hay que distribuir mejor las riquezas y tecnologías disponibles en el planeta.

FIDEL CASTRO
RÍO DE JANEIRO
JUNIO DE 1992

sobreviviera nuestra revolución, también dijo, "Vamos a vencer el Período Especial y aún desarrollarnos". La creación del Grupo de Trabajo Estatal para el Saneamiento, Conservación y Desarrollo de la Bahía de La Habana no es más que un vivo exponente de que, al ir venciendo, hemos continuado nuestro desarrollo.

WATERS: En todo el mundo capitalista, y especialmente en los países que están bajo la bota del dominio imperialista, se está acelerando la destrucción del medio ambiente. Cuando se trata de limpiar o proteger el medio ambiente, los capitalistas alegan que cuesta demasiado. ¿Por qué es distinto en Cuba?

'La Revolución Cubana protege el bienestar de las futuras generaciones'

El nuevo Artículo 27 de la constitución de Cuba dice: "El Estado protege el medio ambiente y los recursos naturales del país. Reconoce su estrecha vinculación con el desarrollo económico y social sostenible para hacer más racional la vida humana y asegurar la supervivencia, el bienestar y la seguridad de las generaciones actuales y futuras. Corresponde a los órganos competentes aplicar esta política. Es deber de los ciudadanos contribuir a la protección del agua, la atmósfera, la conservación del suelo, la flora, la fauna y todo el rico potencial de la naturaleza".

La versión anterior de este artículo decía: "Para asegurar el bienestar de los ciudadanos, el Estado y la sociedad protegen la naturaleza. Incumbe a los órganos competentes y además a cada ciudadano velar porque sean mantenidas limpias las aguas y la atmósfera, y se proteja el suelo, la flora y la fauna".

CHOY: En 1992, en la Cumbre de la Tierra en Río de Janeiro, Brasil, nuestro comandante en jefe Fidel recalcó la impostergable necesidad de tomar medidas para rescatar y preservar el medio ambiente y así salvar a la humanidad.

Un poco más tarde, la Asamblea Nacional de Cuba modificó y amplió el Artículo 27 de nuestra constitución para precisar más las responsabilidades del estado y del pueblo de Cuba en todo lo referente a rescatar, preservar y proteger el medio ambiente y, con ello, a la civilización humana. Fuimos el primer país que lo hizo después de la cumbre.

Eso es posible porque nuestro sistema es socialista en su

carácter y compromiso, y porque la máxima dirección de la revolución actúa en función de los intereses de la mayoría de la humanidad que habita la Tierra, y no de mezquinos intereses individuales o simplemente de los intereses nacionales de Cuba.

Cuba, Venezuela y América Latina

WATERS: Sío Wong, recientemente usted ha pasado mucho tiempo en Venezuela, en respuesta a una solicitud de ayuda para el desarrollo de un proyecto de agricultura urbana. Decenas de miles de cubanos están en Venezuela ofreciendo sus servicios como médicos, enfermeros, técnicos, maestros, instructores de deportes y en otras áreas. ¿Cómo se desarrolló esto?

SÍO WONG: En Venezuela, en mi opinión, se está desarrollando una revolución, una revolución bolivariana. Las banderas de libertad e integración latinoamericana enarboladas por Simón Bolívar las está levantando un pueblo que está demostrando su capacidad de enfrentarse al imperialismo, al neoliberalismo y a la oligarquía nacional. Hugo Chávez Frías es un líder carismático, honesto, patriota y bolivariano.

Venezuela es un país inmensamente rico, con riquezas inexplotadas. No solamente petróleo. Es un país de un millón de kilómetros cuadrados que tiene tierra, agua, recursos naturales inmensos. Recursos pesqueros, recursos hidráulicos, recursos forestales, recursos minerales: hierro, bauxita, oro, diamantes.

Sin embargo, Venezuela es un país donde el 80 por ciento de la población vive en la pobreza, muchos en la extrema pobreza. Hay que ir a los barrios pobres en los cerros de Caracas para ver cómo vive el 80 por ciento de la población. Y es un país que está entre los cinco primeros exportadores de petróleo del mundo. Es el tercer abastecedor de petróleo de Estados Unidos. Un país que tiene la capacidad de producir más de 3 millones de barriles diarios.

Se calcula que los obreros de la industria petrolera generaron más de 700 mil millones de dólares en ganancias entre 1958 y 1998. Y sin embargo había más de 2 millones de analfabetos. Muchos no conocían la asistencia médica ni la educación. ¿Qué hicieron durante 40 años esos gobiernos supuestamente democráticos después de que derribaron la dictadura de Pérez Jiménez en 1958? Esos 700 mil millones se los robaron al pueblo venezolano. Eso es lo que supervisaron esos gobiernos.

Entonces el gobierno actual está proponiendo lo que Chávez llamó una revolución social. El énfasis está en los proyectos sociales.[10] Durante casi tres años el gobierno de Chávez realmente no pudo desarrollar esa perspectiva porque el corazón de la economía de Venezuela está en poder de la compañía petrolera, PDVSA [Petróleos de Venezuela, S.A.]. Es supuestamente una empresa del estado. Pero el gobierno no disponía de recursos para impulsar esos programas sociales.[11]

Eso es diferente de la Revolución Cubana. Los oligarcas y

10. De acuerdo con la Comisión Económica para América Latina y el Caribe, una agencia de la ONU, los programas sociales realizados por el gobierno de Chávez ayudaron a reducir la tasa de pobreza en Venezuela, según la define la CEPAL, de un 49 por ciento a un 28 por ciento de la población entre los años 1999 y 2010.

11. El gobierno de Venezuela nacionalizó el petróleo en 1975. No obstante, cuando las propiedades de las empresas extranjeras y los capitalistas venezolanos pasaron a ser propiedad estatal, el gobierno dejó las operaciones de la nueva empresa, PDVSA, en manos de la antigua gerencia.

los ricos no se fueron de Venezuela porque Chávez resultó electo. En los primeros años después del triunfo de la Revolución Cubana, los trabajadores y campesinos llevaron a cabo la reforma agraria, nacionalizaron las industrias e implantaron otras medidas sociales. Mientras tanto, todos los ricos, todos los dueños de las haciendas y las empresas, los dueños de las mansiones, abandonaron el país y se fueron para Miami. En Venezuela eso no ha pasado. Ellos todavía están. Una gran parte del poder económico —las empresas, las fábricas, los mercados, las tiendas, el transporte— todo eso sigue en manos privadas. Los ricos tienen todo el poder mediático en sus manos. Por tanto, es una situación muy distinta.

Primero, las fuerzas apoyadas por los imperialistas llevaron a cabo un golpe de estado que fue derrotado. Luego vino el golpe petrolero y más recientemente el referendo revocatorio.[12] Después de derrotar las intentonas y de ganar el refe-

12. Durante una intentona golpista en abril de 2002, Chávez y varios de sus ministros y otros funcionarios fueron arrestados. En respuesta, cientos de miles de trabajadores de los barrios pobres de Caracas se volcaron a las calles. Frente a la masiva movilización de apoyo al gobierno de Chávez, el ejército se dividió y en dos días el golpe se desmoronó.

En diciembre de 2002, las fuerzas capitalistas opuestas a Chávez y respaldadas por Washington iniciaron una "huelga general" en una tentativa de derrocar el gobierno. En realidad fue un cierre patronal, encabezado por la gerencia de la empresa petrolera estatal, y al principio paralizó una buena parte de la economía del país. Los trabajadores se movilizaron para restaurar la producción. Al cabo de dos meses el cierre patronal, al ir perdiendo apoyo popular, fue derrotado. La mayoría de los ex ejecutivos de PDVSA fueron despedidos por el papel que habían jugado en organizar la acción.

En 2004 la oposición respaldada por el imperialismo nuevamente intentó derribar al gobierno de Chávez, esta vez mediante un referendo revocatorio efectuado el 15 de agosto. Gracias a un masivo esfuerzo de los trabajadores y campesinos a nivel nacional, el referendo fue derrotado con un voto de "no" de más del 59 por ciento.

rendo revocatorio por un margen abrumador, la revolución bolivariana, las fuerzas populares, son más fuertes política y económicamente.

PDVSA es ahora la fuente de los recursos financieros y la infraestructura para impulsar los programas sociales y económicos. Se han ampliado y consolidado las relaciones económicas y políticas con otros países de América y del resto del mundo. Eso ha situado a Venezuela como protagonista importante en el escenario mundial, no solo como un simple exportador de petróleo. Lo principal es el papel de dirección que está brindando en el difícil camino de integración latinoamericana y caribeña, para el cumplimiento de los sueños de Bolívar y de Martí.

La Alternativa Bolivariana para las Américas (ALBA) que Chávez y Fidel iniciaron en diciembre de 2004 en La Habana, marca un paso importante para enfrentarse a las maniobras de Estados Unidos que van dirigidas a ejercer una mayor hegemonía a través de la creación del Área de Libre Comercio de las Américas (ALCA).

Colaboración cubana

KOPPEL: ¿Cuándo comenzó la ayuda internacionalista cubana?

SÍO WONG: Chávez recibió nuestro apoyo y colaboración desde el momento de su victoria en las elecciones de 1998. Pero creo que fue solo hasta el desastre de Vargas, en diciembre de 1999, que Cuba envió una brigada con cientos de médicos.[13] Trabajando en condiciones muy difíciles, la brigada llevó solidaridad y ayuda a los damnificados y a la población en general. Las brigadas médicas hicieron un trabajo maravi-

13. En diciembre de 1999, inundaciones y deslizamientos de lodo azotaron la costa caribeña de Venezuela, causando unas 50 mil muertes. El estado de Vargas fue el más golpeado.

lloso. Luego se mantuvo la colaboración en este frente y otros a través de acuerdos entre los dos países.

Uno de los primeros programas fue Barrio Adentro. Comenzó en 2003, en los cerros que rodean Caracas. Y más tarde se extendió a todo el país. Es un proyecto de colaboración médica, en que los médicos trabajan en las zonas más pobres.

Al mismo tiempo el presidente Chávez también pidió colaboración en materia de educación, para desarrollar un programa de alfabetización. En ese ámbito hemos tenido experiencia en Cuba. En 1961 movilizamos a 100 mil jóvenes y logramos alfabetizar a más de un millón de personas, erradicando el analfabetismo en solo un año. Más tarde desarrollamos materiales para programas de alfabetización en portugués, inglés, francés y creole. Ya teníamos experiencia con programas de alfabetización en Haití, en África y en muchos otros lugares. Entonces los venezolanos nos pidieron ayuda.

Nuestros educadores crearon un programa que utiliza videos y que ha revolucionado la velocidad a la que pueden aprender los estudiantes de todas las edades. En Cuba los estudiantes-maestros vivieron con las familias por un año, incluso en las zonas rurales más aisladas, y les enseñaron con el lápiz, la cartilla y el manual: la forma clásica de aprender. En Venezuela se ha logrado alfabetizar adultos en siete semanas, con 64 lecciones en video de media hora cada una. Se hizo primero un experimento con cerca de 400 personas, para ver cuáles eran los problemas. Dio que el 87 por ciento de los alumnos aprendieron a leer y escribir en siete semanas.

Este programa se masificó y se le llamó la Misión Robinson.[14] Participaron miles de jóvenes venezolanos. Además

14. La Misión Robinson toma su nombre de Simón Rodríguez, maestro de Simón Bolívar. Rodríguez usó el seudónimo Robinson, que escogió porque le gustaba la novela *Robinson Crusoe*, de Daniel Defoe.

participó la fuerza armada, con todo el aseguramiento logístico, para crear 50 mil aulas en todo el país: cada una con su videocasetera, su televisor, el programa y los facilitadores.

Fueron los mismos venezolanos que lo hicieron. Se dice que mandamos miles de educadores. Pero no es así. Lo que llevamos fue nuestra experiencia y el programa. Fueron maestros voluntarios venezolanos quienes facilitaron las clases. Se ha alfabetizado a más de millón y medio de venezolanos. No falta mucho para que el país pueda declararse Territorio Libre de Analfabetismo.

Pero el programa educacional no paró ahí. Continuó con la Misión Robinson II. Este programa es lo que en Cuba llamamos la Batalla por el Sexto Grado. En Cuba duró cerca de 10 años. Diez años para hacer que todo el mundo en el país llegara al sexto grado. En Venezuela, usando medios audiovisuales, están seguros de que lo harán en mucho menos tiempo.

Después está la Misión Ribas, que es seguir y lograr el bachillerato. Y la Misión Sucre, que es un grupo de cerca de 400 mil bachilleres que no habían tenido acceso a la universidad.[15] Se les ha dado becas de estudio y trabajo y un estipendio de 100 dólares mensuales. Y así ya se pueden matricular en la universidad. El gobierno tomó toda una serie de edificios administrativos de la PDVSA y creó la Universidad Bolivariana en Caracas.

Ese es el programa educacional.

En cuanto a la ayuda médica, después de comenzar Barrio

15. Estos programas llevan los nombres de José Félix Ribas (1775–1815) y Antonio José de Sucre (1795–1830). Ellos fueron dirigentes de la lucha por la independencia de Venezuela y del conjunto de Sudamérica.

Adentro, Chávez dijo: quien quiera médicos cubanos en su barrio que los pida. Porque la oposición intentaba bloquear el programa Barrio Adentro en los estados y los municipios que ellos controlaban.

En cuestión de cuatro o cinco meses, Cuba envió 10 mil médicos a Venezuela. Estos médicos trabajan en los barrios más pobres. A través del sistema del Médico de Familia, ahora se atiende a más de 17 millones de venezolanos.[16]

Venezuela está rediseñando su sistema de atención médica, empezando por la atención primaria, después los policlínicos y más tarde los hospitales. También, por supuesto, tienen clínicas y hospitales privados. Se está reconstruyendo el sistema de salud pública en torno a la medicina preventiva, con la atención del médico que está allí en el barrio. Cada uno atiende a 120 familias.

Se han creado 600 centros diagnósticos, 35 de alta tecnología, con salas de terapia intensiva, estomatología, oftalmología, de rehabilitación y laboratorios clínicos dotados de equipos de última generación.

Aparte de los médicos, hay varios miles de estomatólogos (dentistas). Y se están instalando otros servicios, como el oftalmológico. Una de las dificultades de la Misión Robinson fue que muchos tenían problemas para aprender a leer y escribir porque no veían bien. Entonces se enviaron 300 mil pares de espejuelos, incluso lentes graduados y equipamiento para medir la vista. Miles de pacientes con diferentes enfermedades han venido a Cuba a ser atendidos. Y hay un programa especial, llamado Operación Milagro, para cataratas y otras enfermedades de los ojos.

Miles de instructores deportivos también forman parte

16. En 2016 había casi 29 mil médicos, enfermeros y otros voluntarios médicos cubanos en Venezuela.

del plan Barrio Adentro. Están organizando programas de educación física y deportes y programas recreativos en las comunidades. Han organizado el deporte popular, el deporte de los niños y la gimnasia de los abuelos.

En el marco de la colaboración cubana está el programa en que yo participo, el de los huertos intensivos, o sea, de la agricultura urbana en pequeña escala. No solamente en Caracas sino en todo el país.

Programa de agricultura urbana

KOPPEL: ¿Cómo comenzó?

SÍO WONG: En el año 2000 el director general de la FAO, la Organización de Naciones Unidas para la Alimentación y la Agricultura, que radica en Roma, el señor Jacques Diouf, de Senegal, estuvo aquí en La Habana. Él visitó nuestro centro y le expliqué nuestro programa de agricultura organopónica.

En febrero de 2003 el señor Diouf fue a Venezuela. Existe un programa de seguridad alimentaria entre la FAO y Venezuela.[17] Recién se había derrotado el intento de golpe petrolero contra Chávez, y había una crisis alimentaria, porque los dueños de los grandes almacenes de alimentos también se adhirieron al sabotaje económico.

Diouf le dijo al gobierno venezolano que la forma más rápida de producir alimentos era la agricultura urbana, y que Cuba era el país donde había más experiencia. Diouf indicó que, como Chávez es amigo de Fidel Castro, que llamara a Fidel y le pidiera que mandara al general Sío Wong para ayudarles.

17. La FAO tiene un Programa Especial de Seguridad Alimentaria para "ayudar a los que viven en países en vías de desarrollo... a mejorar su seguridad alimentaria con aumentos rápidos en la producción y productividad de alimentos".

A las 48 horas yo ya estaba en un avión rumbo a Venezuela, junto con Adolfo Rodríguez Nodals, director del INIFAT [Instituto Nacional de Investigaciones Fundamentales en Agricultura Tropical] y del Grupo Nacional de Agricultura Urbana. También le encomendaron esta misión a la doctora Miriam Carrión Ramírez y al ingeniero Miguel Salcines.

A través de un proyecto de la FAO, han empezado a desarrollar la agricultura organopónica en Venezuela. La idea inicial era que nos quedáramos en Venezuela 10 o 12 días para orientar a los especialistas, y después regresar cada dos o tres meses para verificar cómo avanzaba el proyecto. Pero fue al revés. Pasábamos dos o tres meses allá y después yo volvía a Cuba por dos o tres semanas para ocuparme de esto.

Llegamos el 20 de febrero del 2003. El 25 de febrero nos entrevistamos con el presidente Chávez para darle nuestras consideraciones. El 15 de marzo el presidente inauguró el organopónico de Fuerte Tiuna, y el 28 de marzo, el organopónico Bolívar 1 en el centro de Caracas.

El Bolívar 1 está justo en el centro de la ciudad, cerca de las dos torres y del hotel Caracas Hilton. Los venezolanos dieron un terreno que era como un parque, que antes había estado lleno de basura. Al diseñarlo teníamos que buscar que jugara con el entorno. Yo dije, "No podemos tumbar estas palmas". Entonces se nos ocurrió que debíamos hacerlo como la Plaza Venezuela, que está allí cerca y tiene unos círculos. Hicimos un tanque de agua en el centro, que tiene una fuente encima, y los canteros son redondos. Una cosa muy artística.

Es una tarea muy ardua, porque las mismas dificultades e incomprensiones que tuvimos en Cuba las estamos viendo allá.

Pero la agricultura urbana puede servir más y más como fuente de empleo, además de ser una fuente de alimentos en Venezuela.

WATERS: La oposición respaldada por Washington está llevando a cabo una gran campaña contra la ayuda que brinda Cuba.

SÍO WONG: La oposición al gobierno de Chávez ha librado una gran campaña difamatoria, sobre todo contra los médicos cubanos. Dicen que los médicos cubanos no están calificados. Que han ido a quitarle los puestos de trabajo a los médicos venezolanos. La oposición en vano ha tratado de acusar al gobierno de Chávez de querer valerse de los médicos para "cubanizar" la sociedad venezolana.[18] Hay toda una campaña similar en Estados Unidos, por supuesto.

Defender a Venezuela, defender a Cuba

En Caracas los cuatro canales comerciales de televisión son de la oposición. El gobierno tiene uno, con los equipos más viejos y obsoletos. Prácticamente todos los periódicos y las estaciones de radio son también de la oposición. Pero su campaña propagandística ha fracasado.

La oposición ha tratado de atacar la calidad del servicio brindado por los médicos cubanos. Los acusaron incluso de que un niño había muerto porque lo atendieron mal. Pero una parte importante de la misma población se ha encargado de difundir la aceptación total del programa. Porque no es solamente que Barrio Adentro ofrece atención médica las 24 horas del día, sino que se entregan gratuitamente 105 medicamentos diferentes, por ejemplo la insulina para los diabéticos.

18. En junio de 2003 la Federación Médica Venezolana interpuso una demanda en las cortes para prohibir que los médicos cubanos ejercieran en Venezuela. El fallo de un tribunal inferior a favor de la demanda fue rechazada por una corte superior. En julio de 2005, cientos de miembros de la FMV protestaron en el centro de Caracas alegando que los voluntarios cubanos estaban quitándoles trabajos a los médicos venezolanos.

Según un estudio reciente, estos médicos voluntarios están haciendo un millón y medio de consultas mensuales y han salvado 7 mil vidas. ¿Qué significa salvar una vida? Que si no se le aplicaba un tratamiento médico a tiempo, esa persona iba a morir, ya sea porque no podía ver a un médico a tiempo o porque le faltaba los recursos.

En 2003 la CNN hizo un gran alboroto porque desertaron unos médicos cubanos. Había entonces 10 mil médicos cubanos en Venezuela. Se fueron 3 o 4. ¿Qué por ciento es? Si Estados Unidos de repente abre el banderín, como decimos aquí, y da todas las visas que quisieran los venezolanos, los colombianos, los mexicanos, ¿cuántos creen ustedes que irían allá? Porque mucha gente en América Latina quiere irse a Estados Unidos con la esperanza de tener una vida mejor, desde el punto de vista económico.[19]

El programa médico y el de alfabetización, Barrio Adentro y Misión Robinson, han tenido un impacto social tremendo.

Yo viví en Venezuela casi un año y pude observar esa transformación. Cuando estábamos haciendo el primer organopónico en el parque central de Caracas, yo les preguntaba a los

19. En 2006 el gobierno norteamericano comenzó un "Programa de Permisos para Profesionales Médicos Cubanos" con el fin de socavar los programas cubanos de ayuda médica en decenas de países. El programa ofrece la condición de refugiado y la residencia permanente norteamericana a cualquier profesional médico cubano que trabaje en el exterior y lo solicite entrando a un consulado de Estados Unidos en cualquier parte del mundo. Durante la siguiente década, el gobierno norteamericano afirmó haber aprobado más de 7 mil solicitudes. En enero de 2017 Washington terminó ese programa junto con la política de "pies secos, pies mojados", que garantizaba la residencia norteamericana a cualquier cubano que pisara suelo estadounidense.

Desde el comienzo de la revolución, más de 135 mil voluntarios cubanos de la salud han prestado servicios en 158 países.

trabajadores, "¿Cómo es que tú no eres de Chávez? Si durante 40 años los gobiernos anteriores no hicieron nada, ¿cómo tú no estás a favor de Chávez?"

La respuesta entonces era: "No lo apoyo porque en tres años Chávez no me ha dado nada. Yo sigo siendo pobre".

Pero se está dando una transformación del estado de opinión del pueblo. Todos estos programas sociales y económicos han producido una transformación. Esa es la realidad.

Cuando yo llegué a Venezuela, creo que fui de los primeros cubanos que subieron a los cerros de Caracas. Es decir, uno de los primeros cubanos *de Fidel Castro*, porque allí hay otros cubanos. Tuve que recorrer los cerros para ver dónde yo iba a hacer un organopónico. Los cerros son barrios populares donde no entra nadie más, como en muchas ciudades de América Latina. Por ejemplo, en las favelas de Río de Janeiro no entra nadie que no viva allá. Ni la policía, o cuando entra, entra a tiros.

Pero en Venezuela coordinamos los planes con la gente del barrio y ellos nos organizaron la seguridad. Los médicos son los que más protegidos están, porque los mismos pobladores son los que los cuidan.

Recuerdo un programa reciente en Venezolana de Televisión, el canal del estado, en que entrevistaban a uno de los pobladores de un barrio. "Oye, yo no soy chavista", dijo aquel hombre cuando vio que los reporteros eran de Venezolana de Televisión. "Pero el que me toque aquí a la doctora cubana, se las tiene que ver conmigo. Porque ella me salvó a mi hijo". Eso es típico de la reacción popular.[20]

Ese es nuestro modesto aporte a la revolución bolivariana.

20. Se han dado casos de ataques físicos contra médicos internacionalistas cubanos. Un médico fue asesinado en el estado de Araguá en 2003, y un ayudante venezolano de otro voluntario médico cubano fue asesinado en Caracas en 2004.

Demuestra ese espíritu de internacionalistas que nos enseñaron. En otra parte de esta entrevista decíamos que fuimos educados en ese espíritu internacionalista porque estamos saldando una deuda con la historia. Una deuda con aquellos africanos, con aquellos chinos, con los dominicanos, los venezolanos, los norteamericanos, con todos los que lucharon en las guerras de independencia en Cuba. Entonces tenemos ese deber. Nuestros médicos y los otros voluntarios van a Venezuela con el mismo espíritu con que nuestros internacionalistas fueron a Angola, a Etiopía y a Nicaragua.

El otro día Chávez dijo que se había reunido con unos médicos cubanos y que había decidido mandarles unos colchones, unas camas. Porque se enteró de que algunos de ellos estaban durmiendo en el piso.

Entonces se para un cubano y dice, "Presidente, nosotros queremos vivir como viven ellos". Y no le acepta los colchones.

Dice Chávez, "Ese médico me dio una lección".

WATERS: Los médicos y otros voluntarios cubanos también están aprendiendo muchas lecciones sobre la realidad de la sociedad capitalista.

SÍO WONG: Así es. Nosotros —Chui, Choy y yo— hemos vivido el capitalismo y conocemos qué cosa es. Pero los jóvenes que nacieron aquí después de 1959 no lo conocen. Ahora lo están viviendo. Ahora están viendo a gente que no tiene dinero para la medicina, que no tiene dinero para pagar la escuela, que no tiene dinero para comer. Ven a gente que no tiene empleo. Esa es la realidad que ven. Y tienen que preguntarse: ¿Cómo es posible que suceda esto en un país que produce tres millones de barriles diarios de petróleo?

Los imperialistas dicen que estamos subvirtiendo a América Latina. Pero las condiciones objetivas de América Latina no dan. Argentina es un ejemplo. Bolivia es un ejemplo. Perú es un ejemplo. Ecuador es otro ejemplo. Brasil. ¿Qué puede ofrecer el sistema imperialista? ¿Qué puede ofrecerles el capitalismo, el modelo neoliberal o cualquier otra variante? Ha fracasado estruendosamente en toda América Latina.

Millones de personas viven en los cerros de Caracas, y desde ahí bajó el pueblo a defender a Chávez del golpe. Los imperialistas les tienen miedo a esos cerros.

Cuando yo subía por allí, se acercaba gente del pueblo y me decía, "Acá somos chavistas".

Les dije, "Yo también soy chavista. Fidel, Raúl y el Che me hicieron subir muchas lomas. Hoy, con más de 65 años, todavía estoy subiendo lomas. Por Venezuela".

Tal vez pensaban que yo era un periodista japonés cuando me veían con la cámara.

Pero yo les decía: "Yo soy cubano, un cubano de Fidel".

La Batalla de Ideas

KOPPEL: Ustedes se han referido a lo que en Cuba se conoce como la Batalla de Ideas. ¿Nos pueden explicar qué es?

SÍO WONG: Los defensores del capitalismo tratan de imponer su cultura, sus ideas, a todo el mundo. A los pueblos de todo el mundo nos quitan nuestras propias culturas. Los imperialistas tienen la supremacía tecnológica y científica. Una parte la han desarrollado, otra parte se la han robado. Dominan los medios de comunicación y de información a nivel mundial, y a través de estos tratan de imponer sus valores y justificar sus relaciones sociales.

Por eso la Batalla de Ideas es tan importante y tan compleja. Nuestra capacidad de librar esta batalla depende mucho de la educación, de la enseñanza, de la cultura. Del ejemplo que demos a los niños y a los jóvenes.

Ahora estamos comenzando otra revolución. Esta vez es en la educación de nuestros niños. "Ser culto para ser libre", dijo Martí. ¿Cómo hacer para que nuestros niños, nuestros jóvenes y por tanto nuestros hombres y nuestras mujeres sean verdaderamente libres si no aprenden a pensar con cabeza propia? ¿Cómo pueden contribuir al desarrollo del país? Ya pasó la época de cuando mucha gente pensaba que existía un libro de texto, un sketch, para guiar la construcción del socialismo. Tenemos que ajustar nuestro camino a nuestra realidad y a la realidad que vive el mundo de hoy.

Antes de la revolución, aquí en Cuba el 95 por ciento, quizás más, nos considerábamos anticomunistas, aunque no sabíamos qué era el socialismo. Nos enseñaban con las historietas de Superman y Tarzán y el Halcón Negro. Uno de los muñequitos que nos gustaban mucho era el Halcón Negro. Recuerdo que era una escuadrilla de pilotos de combate, y había un sueco, un francés, un chino, un polaco. A los comunistas los pintaban como sanguinarios. El personaje chino, un cocinero llamado Chop-Chop, era una caricatura racista. Eso nos lo enseñaban hasta en la escuela. Eso lo vivíamos diariamente.

Hay una anécdota famosa de los primeros años de la revolución, cuando Fidel tuvo una reunión con unos campesinos y obreros.

"¿Están de acuerdo con la reforma agraria?", les preguntó Fidel.

"Sí".

"¿Están de acuerdo con la reforma urbana?"

"Sí".

"¿Están de acuerdo con la nacionalización de las empresas?"

"Sí".

"¿Están de acuerdo con el socialismo?"

"No, ¡no estamos de acuerdo con el socialismo!"

Y era así.

¿Qué momento escogió Fidel para proclamar el carácter socialista de la revolución? Escogió el comienzo de la agresión del imperialismo en Playa Girón en abril de 1961. Fue entonces, en el entierro de los caídos después de los bombardeos contra nuestros aeropuertos, el 15 de abril de 1961, que Fidel explicó por primera vez que nuestra revolución es una revolución socialista. Aquel ataque aéreo fue el preludio de la invasión mercenaria dos días más tarde.

Ustedes saben que la mayoría de las películas que se muestran aquí en Cuba son norteamericanas. Nosotros no estamos encerrados. No vivimos en una urna de cristal. La gente tiene acceso a la internet, y tienen familiares en Estados Unidos. Hemos desarrollado ampliamente el turismo. Lo principal es enseñarnos a nosotros mismos a pensar.

Desde que triunfó la revolución nos educaron en el socialismo. Nos educaron en la idea del desprendimiento, de ser capaces de dar hasta nuestra propia vida por otro pueblo. Esa es la máxima expresión del desprendimiento humano.

Yo fui a Angola a arriesgar la vida por la lucha del pueblo angolano. ¿Qué beneficio material iba a tener? Ninguno. Y así fueron decenas y decenas de miles: maestros, médicos, especialistas. Pasaron trabajo en los lugares más alejados. ¿Cómo es posible si no hay una conciencia?

Pero ya a finales de los 90, en Cuba había 76 mil jóvenes que ni estudiaban ni trabajaban. Como dijo Fidel, nos habíamos descuidado. La mayoría de esos jóvenes tenían problemas familiares con las madres y padres divorciados y cosas así. Habíamos empezado a catalogarlos de "predelincuentes". ¡Esa terminología es horrorosa! ¿Cómo era posible? Eran nacidos dentro de la revolución. Son producto de la revolución. Son nuestros hijos. Sus padres fueron la generación que fue a Angola, a Nicaragua y que habían dado la vida por la revolución.

La verdad es que habíamos tenido fallas en la educación. Habíamos tenido fallas en el trabajo político. En el trabajo social. Eso lo reconocemos. Esa es, yo creo, la genialidad de Fidel: reconocer las fallas y tomar medidas para corregirlas. Y no perder ni un minuto en ese proceso.

Con el comienzo de la Batalla de Ideas, todos estos jóvenes se pusieron a estudiar, y recibían un estipendio mientras estudiaban. La inmensa mayoría ahora cree que tienen un futuro socialmente útil.

Creo que esto es una revolución cultural. No me gusta llamarla así, porque eso suena como la Revolución Cultural china. Entonces llamémosla una revolución educacional. Pero esta gran Batalla de Ideas no es más que una revolución dentro de la revolución: lograr que nuestro pueblo tenga una educación y una cultura general integral.

Ya yo lo explicaba antes: tenemos desigualdades que no nos gustan. Por ejemplo, más del 60 por ciento del pueblo tiene acceso a divisas. Eso quiere decir que un 40 por ciento no. Yo no. Pero hay mucha gente que sí. Reciben remesas en dólares u otras divisas de sus familiares. O trabajan en un lugar —como el turismo, el tabaco, el níquel, la electricidad— donde reciben una parte de su salario en divisas.

A menudo hay quienes no entienden por qué en las tiendas de dólares los precios son caros. Yo se lo explico a muchas personas, incluso a empresarios que vienen aquí. En las tiendas de dólares el gobierno pone los precios para obtener divisas, y de esa manera pagar por los programas que van a compensar un poco a las personas que no reciben dólares. Por eso son elevados los precios en esas tiendas.

Ahora subsidiamos ciertos artículos a los que todo el mundo en Cuba tiene igual acceso. Aquí todo el mundo tiene acceso a la medicina gratis. Aquí a cualquiera se le hace una operación de corazón y no le preguntan acerca de su cuenta bancaria. La educación la recibe todo el mundo de manera gratuita. Nuestro sistema de seguridad social no solo cubre el ingreso por jubilación para cada ciudadano, sino que cubre la licencia por incapacidad, maternidad y embarazo. Algunos amigos nos critican por mantener estos programas. Pero es que estamos demostrando lo mucho que se puede hacer con pocos recursos económicos. Lo principal son los recursos humanos.

Esta batalla es indudablemente compleja, pero es vital. Hay

que ver cómo se expresan nuestros niños, nuestros jóvenes, el nivel político que tienen. Eso lo queremos masificar lo más posible. Queremos masificar la cultura y la educación para defender nuestra identidad nacional, nuestra identidad socialista. Pero sobre todo, queremos enseñarles a nuestros jóvenes a pensar.

CHUI: La Asociación de Combatientes de la Revolución Cubana es una organización que ha ocupado un papel de vanguardia en la Batalla de Ideas. Es una organización de los que hemos combatido para impulsar la Revolución Cubana y sus misiones internacionalistas. De compañeros que estuvieron en el Ejército Rebelde, en la lucha clandestina, que pelearon en Girón, en la lucha contra los bandidos contrarrevolucionarios, o que cumplieron misiones internacionalistas, ya sea de combate o como médicos o maestros.

Todos los combatientes estamos vinculados a escuelas y centros laborales donde ofrecemos charlas y conversatorios a los estudiantes, a los trabajadores y a la comunidad. Hablamos de nuestras vivencias en la lucha revolucionaria tanto en Cuba como en misiones internacionalistas. Divulgamos la historia de la revolución y sus aportes a otras causas.

Pero no se trata principalmente del pasado. Nuestra historia aún se está escribiendo. Seguimos combatiendo día a día por la defensa incondicional de nuestra revolución socialista.

Por eso la Asociación de Combatientes está en las primeras filas de la lucha por la liberación de nuestros Cinco Héroes, luchadores antiterroristas que están injustamente presos, que son rehenes en las cárceles de Estados Unidos. Asimismo estamos en las primeras filas de la condena y denuncia de las políticas agresivas de la administración norteamericana hacia nuestro país.

CHOY: Ya ustedes oyeron nuestras historias. Podrían escribir un libro sobre Chui: dónde vivió, los lugares donde trabajó.

Lo que hizo su padre para sostener a la familia. De Moisés también, cómo lo explotó su cuñado.

Ya compartí con ustedes la historia de aquel hombre que llegó al negocio de mi padre sin poder dar de comer a su familia porque no tenía siete centavos. De mi amigo que no pudo entrar al baile porque era hijo de chino.

Conocemos esas cosas. Las vivimos. Las sufrimos.

Ahora los jóvenes no ven eso. No viven esa discriminación por el color de la piel, ni económica, de ningún tipo. Quizás no tengamos la alimentación más saludable, pero todo el mundo en Cuba desayuna, almuerza y cena. Todos los niños y jóvenes, hasta el noveno grado, tienen garantizado su almuerzo en las escuelas. Antes de la revolución no todos tenían la garantía siquiera de poder ir a la escuela. Mucho menos de recibir atención médica.

Hay que educar a los jóvenes para que conozcan estas cosas. Hay que educarlos para que conozcan la historia de Cuba, que conozcan sobre la guerra de independencia contra España, la guerra contra la dictadura de Batista, la gloriosa victoria en Playa Girón, la lucha contra las bandas contrarrevolucionarias, las misiones internacionalistas. Para que comprendan de verdad lo que es una revolución, lo que es el socialismo.

Estos jóvenes médicos, maestros, entrenadores de deportes y otros que van al exterior en misiones internacionalistas: están recibiendo una educación de lo que es el sistema social en esos países. Ven que nuestro sistema social es muy distinto. Están aprendiendo que un mundo mejor sí es posible. Pero solo con una revolución socialista.

Glosario de individuos, organizaciones y sucesos

Abreu, Gerardo (Fontán) (1931–1958) – Joven obrero de imprenta, fue dirigente de la Juventud Ortodoxa; desde 1956, jefe de las Brigadas Juveniles del Movimiento 26 de Julio en La Habana. Dirigente de la clandestinidad urbana durante guerra revolucionaria. Arrestado, torturado y asesinado por la dictadura en febrero de 1958.

Acevedo, Enrique (1942–) – Se integró al Ejército Rebelde en julio de 1957 a los 14 años. Combatiente en la Columna 8 de Che Guevara. Cumplió misión en Angola en 1977 y en 1987–88, cuando comandó una brigada de tanques. General de brigada (retirado).

Agramonte, Ignacio (1841–1873) – Mayor general en el Ejército Libertador, basado en la provincia de Camagüey, durante la primera guerra cubana de independencia contra España. Cayó en combate.

Aldana, Carlos (1942–) – Se incorporó al Movimiento 26 de Julio a los 14 años. Integrante del Ejército Rebelde. Miembro del Comité Central del Partido Comunista, 1980–92, se desempeñó en el Buró Político y el Secretariado. Encabezó equipo negociador cubano durante últimas etapas de negociaciones con Pretoria y Washington en 1988 para concluir la guerra en Angola. Sancionado y destituido de sus responsabilidades en 1992.

Almeida, Juan (1927–2009) – Albañil y miembro del Partido Ortodoxo en La Habana al momento del golpe de Batista de 1952. Participó en ataque al cuartel Moncada en 1953. Condenado a 10 años de prisión. Excarcelado en mayo de 1955 tras campaña de amnistía. Expedicionario del *Granma* en 1956. Ascendido a comandante en febrero de 1958. Encabezó el Tercer Frente Oriental. Después de 1959 sus responsabilidades incluyeron: jefe de la fuerza aérea, viceministro de las Fuerzas Armadas Revolucionarias y vicepresidente del Consejo de Estado. Uno de los tres combatientes de la sierra con el grado de Comandante de la Revolución. Miembro del Comité Central y del Buró Político del Partido Comunista, 1965–2009. Héroe de la República de Cuba. Presidente de la Asociación de Combatientes de la Revolución Cubana desde su fundación en 1993 hasta que falleció en 2009.

Asociación de Combatientes de la Revolución Cubana (ACRC) – Se fundó en 1993 como organización de combatientes del Ejército Rebelde, la lucha clandestina urbana, Playa Girón, la Lucha Contra Bandidos y misiones internacionalistas tanto militares como civiles. Sus 300 mil miembros transmiten la historia y las lecciones de la revolución a las jóvenes generaciones.

Barredo, Lázaro (1948–) – Periodista y escritor. Director del diario cubano *Granma* 2005–13; reportero de la revista *Bohemia*. Se desempeñó como vicepresidente de la Unión de Periodistas de Cuba y vicepresidente de la Comisión de Relaciones Internacionales de la Asamblea Nacional de Cuba.

Batista, Fulgencio (1901–1973) – Hombre fuerte militar en Cuba 1934–58. Encabezó golpe militar que implantó dictadura apoyada por Washington. Huyó de Cuba el 1 de enero de 1959 ante avance del Ejército Rebelde, insurrección popular y huelga general.

Bolívar, Simón (1783–1830) – Patriota latinoamericano nacido en Caracas. Dirigió rebeliones armadas en 1810–24 que contribuyeron a que gran parte de Sudamérica conquistara su independencia de España.

Bordón, Víctor (1930–2014) – Miembro de la Juventud Ortodoxa y luego del Movimiento 26 de Julio en Las Villas. Formó unidad guerrillera del Movimiento 26 de Julio en sierra del Escambray que en octubre de 1958 se integró al frente en Las Villas dirigido por Che Guevara. Obtuvo grado de comandante. Después ocupó cargos nacionales de dirección en el Ministerio de la Construcción; fue director de la Empresa de Producciones Metálicas (Cometal).

Bu, José – Oficial del ejército independentista cubano, nacido en China. Combatió junto al general Máximo Gómez en las guerras de independencia, 1868–98, y alcanzó grado de teniente coronel.

Cabral, Amílcar (1924–1973) – Fundador y dirigente central del Partido Africano para la Independencia de Guinea-Bissau y Cabo Verde, 1956. Desde 1963 dirigió lucha guerrillera contra Portugal que ganó la independencia de Guinea-Bissau en 1974 y de Cabo Verde en 1975. Asesinado en enero de 1973 por opositores en el PAIGC instigados por policía secreta portuguesa.

Carreras, Jesús (1933–1961) – Dirigente del Segundo Frente Nacional del Escambray. Se incorporó a bandas armadas contrarrevolucionarias en el Escambray tras la victoria de la revolución. Capturado, enjuiciado y ejecutado.

Carrión Ramírez, Miriam (1945–) – Científica del Instituto de Investigaciones Fundamentales en Agricultura Tropical (INIFAT) en La Habana. Fundadora de proyecto agrícola en pequeña escala en Venezuela.

Castillo, Bárbara (1946–) – Ministra de comercio interior de Cuba, 1995–2006. Miembro del Comité Central del Partido Comunista 1991–2006.

Castro, Fidel (1926–2016) – Dirigente estudiantil en la Universidad de La Habana desde 1945. Uno de los principales organizadores de la juventud del Partido Ortodoxo tras su fundación en 1947. Candidato ortodoxo a la Cámara de Representantes en las elecciones de 1952, canceladas tras el golpe militar de Batista del 10 de marzo. Dirigió el movimiento revolucionario contra la dictadura batistiana que el 26 de julio de 1953 llevó a cabo el asalto a los cuarteles Moncada en Santiago de Cuba y Carlos Manuel de Céspedes en Bayamo. Capturado, procesado y condenado a 15 años de prisión. Su alegato de defensa en la corte, *La historia me absolverá,* difundido por toda la isla, se convirtió en el programa del movimiento revolucionario. Excarcelado en 1955 tras una campaña nacional de amnistía, él dirigió la fundación del Movimiento Revolucionario 26 de Julio. Organizó la expedición del *Granma* desde México a finales de 1956, y comandó el Ejército Rebelde en la guerra revolucionaria. Tras el triunfo revolucionario, Fidel Castro fue primer ministro de Cuba desde febrero de 1959 hasta 1976. Presidente del Consejo de Estado y del Consejo de Ministros, 1976–2008. Comandante en jefe de las Fuerzas Armadas Revolucionarias, 1959–2008, y primer secretario del Partido Comunista de Cuba, 1965–2011.

Castro, Raúl (1931–) – Organizador de protestas estudiantiles en la Universidad de La Habana contra la dictadura de Batista, participó en el ataque al cuartel Moncada en 1953. Capturado y condenado a 13 años de prisión. Excarcelado en mayo de 1955 tras campaña nacional de amnistía. Miembro fundador del Movimiento 26 de Julio, expedicionario del *Granma* en 1956. Ascendido a comandante en el Ejército Rebelde en febrero de 1958; encabezó el Segundo Frente Oriental. Ministro de las Fuerzas Armadas Revolucionarias, 1959–2008. Viceprimer ministro, 1959–1976. Primer vicepresidente del Consejo de Estado y del Consejo de Ministros, 1976–2008; presidente desde 2008. Segundo secretario del Partido Comunista de Cuba, 1965–2011; primer secretario desde 2011.

Chávez, Hugo (1954–2013) – Teniente coronel del ejército venezolano, encabezó fallido golpe militar en 1992 contra gobierno de Carlos Andrés Pérez y estuvo preso dos años. Electo presidente de Venezuela en 1998, 2000, 2006 y 2012. Junto con el presidente cubano Fidel Castro fundó Alianza Bolivariana para los Pueblos de Nuestra América (ALBA) en 2004. Usó ingresos de ventas del petróleo para financiar programas sociales en Venezuela y suministrar combustible a precios preferentes a naciones caribeñas. Trabajadores, campesinos y jóvenes se han movilizado repetidamente para bloquear intentos de la burguesía venezolana, con apoyo de Washington, para derrocar su gobierno y el de su sucesor, Nicolás Maduro.

Chiang Kai-shek (1887–1975) – Dirigente del partido Kuomintang (Nacionalista) en China desde 1925. Dirigió masacre de trabajadores que puso un fin sangriento a la segunda revolución china, 1925–27. Desde 1927 encabezó dictadura, derrocada en 1949 por Revolución China. Luego dictador del régimen en Taiwán, respaldado por Washington.

Chibás, Eduardo (1907–1951) – Dirigente del Directorio Estudiantil en la lucha contra la dictadura machadista en los años 20 y 30. Miembro del Partido Auténtico. En 1947 fue dirigente fundador del oposicionista Partido Ortodoxo (Partido del Pueblo Cubano), con mucho arraigo popular. Electo senador en 1950. El 5 de agosto de 1951, en un acto de protesta contra la corrupción del gobierno, se dio un tiro al final de un discurso radial; murió días después.

Chomón, Faure (1929–) – Dirigente del Directorio Revolucionario y sobreviviente del asalto al Palacio Presidencial del 13 de marzo de 1957. En febrero de 1958 organizó expedición que estableció un frente guerrillero en la sierra del Escambray. Dirigió la integración de esa columna al frente comandado por Che Guevara en Las Villas en octubre de 1958. Obtuvo grado de comandante. Miembro del Comité Central del Partido

Comunista desde 1965. Desde 1976 diputado de la Asamblea Nacional del Poder Popular.

Cienfuegos, Camilo (1932–1959) – Expedicionario del *Granma,* 1956. Capitán en la Columna 4 del Ejército Rebelde dirigida por Che Guevara, ascendido a comandante en 1958. De agosto a octubre de 1958, dirigió avance de la Columna 2 "Antonio Maceo" desde la Sierra Maestra hacia Pinar del Río en el oeste. Realizó operativos en el norte de Las Villas hasta el final de la guerra. Jefe del estado mayor del Ejército Rebelde después de enero de 1959. Murió cuando su avión se extravió en el mar mientras regresaba de Camagüey a La Habana el 28 de octubre de 1959.

Cinco Cubanos – Gerardo Hernández, Ramón Labañino, Antonio Guerrero, Fernando González y René González, conocidos mundialmente como los Cinco Cubanos. Arrestados en 1998 en Florida, donde habían estado vigilando actividades de organizaciones contrarrevolucionarias que planeaban ataques contra objetivos en Cuba y Estados Unidos. Fueron condenados por la administración Clinton bajo cargos fabricados, incluyendo conspiración para cometer espionaje y, en el caso de Hernández, conspiración para asesinar. Inicialmente tres recibieron cadena perpetua. René González y Fernando González cumplieron sus sentencias completas y fueron excarcelados tras más de 14 y 15 años, respectivamente. Guerrero, Labañino y Hernández regresaron a Cuba el 17 de diciembre de 2014, cuando se restablecieron relaciones diplomáticas entre La Habana y Washington. Tres de los Cinco —Hernández, Fernando González y René González— cumplieron misión en Angola.

Cintra Frías, Leopoldo ("Polo") (1941–) – Proveniente de familia campesina cerca de Yara, en Cuba oriental. Se incorporó al Ejército Rebelde en noviembre de 1957. Terminó la guerra como teniente. Comandó fuerzas en el Frente Sur de Angola,

1975–76. Misión internacionalista en Etiopía en 1978. Encabezó misión militar cubana en Angola, 1983–86 y 1989. Comandante del Frente Sur desde diciembre de 1987, dirigió tropas que derrotaron fuerzas sudafricanas en Cuito Cuanavale y realizaron ofensiva hacia frontera namibia en 1988. Héroe de la República de Cuba. Miembro del Buró Político del Partido Comunista de Cuba desde 1991. Ministro de las Fuerzas Armadas Revolucionarias desde 2011. General de cuerpo de ejército.

Colomé, Abelardo (1939–) – Se integró al Ejército Rebelde como parte del primer refuerzo en marzo de 1957; alcanzó grado de comandante. En 1962–64 fue voluntario internacionalista en Argentina y Bolivia, apoyando frente guerrillero en Argentina dirigido por Jorge Ricardo Masetti. Encabezó misión militar cubana en Angola, 1975–76. Miembro del Comité Central, 1975–2016, y del Buró Político, 1986–2016, del Partido Comunista de Cuba. Vicepresidente del Consejo de Estado, 1993–2013. Ministro del interior, 1989–2015. General de cuerpo de ejército (retirado).

Crisis 'de los misiles' (Crisis de Octubre) – Ante escalada de preparativos de Washington en la primavera y el verano de 1962 para invadir a Cuba, el gobierno cubano firmó acuerdo de defensa mutua con la Unión Soviética. En octubre de 1962 el presidente norteamericano John F. Kennedy exigió retiro de los misiles nucleares soviéticos emplazados en Cuba tras firma del pacto. Washington impuso bloqueo naval de Cuba, incrementó preparativos para invadir y puso fuerzas armadas en estado de alerta nuclear. Millones de trabajadores y campesinos se movilizaron para defender la revolución. Tras intercambio de comunicaciones entre Washington y Moscú, el 28 de octubre el premier soviético Nikita Jruschov, sin consultar al gobierno cubano, anunció decisión de retirar los misiles.

Cuevas, Andrés (1915–1958) – Trabajador oriundo del pueblo de Camajuaní en Las Villas. Se incorporó al Ejército Rebelde a comienzos de 1957, llegando a capitán. Cayó en la batalla de El Jigüe el 19 de julio de 1958. Fue ascendido póstumamente a comandante.

Díaz Argüelles, Raúl (1936–1975) – Miembro del Directorio Revolucionario en La Habana, se incorporó a columna guerrillera del Directorio en el Escambray en 1958; llegó a ser comandante del Ejército Rebelde. A principios de los 70 encabezó la Décima Dirección de las Fuerzas Armadas Revolucionarias, que supervisaba ayuda a misiones internacionalistas de Cuba. Primer jefe de la misión militar cubana en Angola en 1975. Muerto por una mina terrestre, diciembre de 1975. Ascendido de manera póstuma a general de brigada. Héroe de la República de Cuba.

Directorio Revolucionario – Fundado en 1955 por José Antonio Echeverría y otros dirigentes de la Federación Estudiantil Universitaria. En 1956 firmó acuerdo en México con el Movimiento 26 de Julio para cooperar en operaciones contra la dictadura. Organizó asalto al Palacio Presidencial el 13 de marzo de 1957; unos 40 miembros y dirigentes, entre ellos Echeverría, murieron ese día y en una masacre policiaca varias semanas después. En octubre de 1958 su columna guerrillera en el Escambray se integró al frente comandado por Che Guevara. En 1961 se fusionó con el Movimiento 26 de Julio y el Partido Socialista Popular.

Dreke, Víctor (1937–) – Miembro del Movimiento 26 de Julio en Sagua la Grande, Las Villas; se incorporó a columna del Directorio Revolucionario que se integró con la columna de Che Guevara del Ejército Rebelde en 1958. Comandó fuerzas en el Escambray en la lucha contra bandas contrarrevolucionarias, 1960–65. En 1965 fue segundo al mando de columna dirigida por Guevara en el Congo. En 1966–68 dirigió a internacionalistas cubanos que ayudaban a fuerzas de liberación nacional en Guinea-Bissau. Luego encabezó Dirección Política de las FAR. Retirado del servicio militar activo con grado de coronel. Embajador a Guinea Ecuatorial, 2003–2008. Presidente de la Asociación de Amistad Cuba-África y jefe de la Asociación de Combatientes de la Revolución Cubana en provincia de La Habana.

Ejército Juvenil del Trabajo – Parte de las Fuerzas Armadas Revolucionarias de Cuba, compuesto de destacamentos de jóvenes que hacen trabajo agrícola, de construcción y otras labores mientras se preparan militarmente.

Esclavitud en Cuba – Llevados a Cuba en 1517 por la corona española, los esclavos fueron usados como mano de obra en la industria azucarera; en la década de 1840 eran ya más de un tercio de la población cubana. El temor a rebeliones de esclavos, así como los tratados internacionales que prohibieron la trata de esclavos a partir de 1817, al expandirse la industria azucarera, fomentaron la trata de "culíes" en que fueron traídos 125 mil trabajadores chinos en servidumbre entre 1847 y 1874. En 1869, durante la primera guerra de independencia contra España, la República en Armas decretó la abolición de la esclavitud y todas las formas de servidumbre, incorporando al ejército independentista a todos los que querían luchar. España decretó la eliminación gradual de la esclavitud en 1870, y en 1880 la corona declaró que los esclavos que aún quedaban estarían sometidos al llamado sistema de patronato. El 7 de octubre de 1886, los 25 mil "patrocinados" fueron emancipados.

Espín, Vilma (1930–2007) – Miembro fundadora del Movimiento 26 de Julio en Santiago de Cuba. Colaboró con Frank País, ayudó a organizar el levantamiento en Santiago del 30 de noviembre de 1956. Coordinadora del Movimiento 26 de Julio en la provincia de Oriente tras muerte de País. Se integró al Ejército Rebelde en julio de 1958, combatiendo en el Segundo Frente Oriental. Presidenta fundadora de la Federación de Mujeres Cubanas en 1960 hasta su muerte. Miembro del Comité Central del Partido Comunista, 1965–2007, y del Buró Político, 1980–91. Miembro del Consejo de Estado, 1976–2007. Heroína de la República de Cuba.

Espinosa, Ramón (1939–) – Miembro del Movimiento 26 de Julio, se integró a columna guerrillera del Directorio Revolucionario en el Escambray en 1958, terminando la guerra como primer teniente. Cumplió misión en Angola, 1975–76, donde resultó gravemente herido por una mina antitanque. Jefe de misión militar cubana en Etiopía, 1980–82. Viceministro de Fuerzas Armadas Revolucionarias desde 2009. Miembro del Comité Central del Partido Comunista desde 1980, del Buró Político desde 1991. General de cuerpo de ejército. Héroe de la República de Cuba.

Fontán. *Ver* Gerardo Abreu

García, Guillermo (1928–) – Campesino de la Sierra Maestra, fue miembro de una célula del Movimiento 26 de Julio. Tras desembarco del *Granma* en diciembre de 1956, ayudó a organizar reagrupamiento de las fuerzas rebeldes en la Sierra. Desde principios de 1957, combatiente de la Columna 1 dirigida por Fidel Castro. Ascendido a comandante en el Tercer Frente Oriental dirigido por Juan Almeida a finales de 1958. Miembro del Comité Central del Partido Comunista desde 1965, del Buró Político, 1965–86. Ministro del transporte, 1974–85. Miembro del Consejo de Estado. Uno de los tres combatientes de la Sierra Maestra con el grado de Comandante de la Revolución.

Gómez, Máximo (1836–1905) – Nacido en República Dominicana, combatió en guerra independentista en Cuba, 1868–78. Mayor general del Ejército Libertador al final del conflicto. Al reanudarse la guerra en 1895, volvió a Cuba como general en jefe del ejército independentista cubano.

González, Sergio (El Curita) (1922–1958) – Dirigente sindical de obreros de tranvías y choferes de autobús a finales de los 40, se unió al Partido Ortodoxo. En 1955 fue miembro fundador del Movimiento 26 de Julio. En la guerra revolucionaria ayudó a dirigir el trabajo clandestino en La Habana, manejando imprenta usada por el Movimiento. Ex seminarista, lo apodaron El Curita. Asesinado en marzo de 1958 por la dictadura de Batista.

Guerras de independencia de Cuba – De 1868 hasta 1898 los cubanos libraron tres guerras para independizarse de España. La Guerra de los Diez Años, 1868–78; la Guerra Chiquita, 1879–80; y la guerra de 1895–98, que llevó al fin del dominio español. El gobierno norteamericano ocupó Cuba tras la derrota de España.

Guevara, Ernesto Che (1928–1967) – Nacido en Argentina, dirigente de la Revolución Cubana. Médico en la expedición del *Granma*. Primer combatiente ascendido a comandante en la guerra revolucionaria. En 1958 dirigió columna del Ejército Rebelde de Oriente a la sierra del Escambray; unificó a los grupos revolucionarios en provincia de Las Villas y los condujo en la campaña que culminó con la toma de Santa Clara a fines de diciembre de 1958. Tras el triunfo del 1 de enero de 1959, además de sus tareas militares, fue presidente del Banco Nacional y ministro de industrias; frecuentemente representó a la dirección revolucionaria a nivel internacional. Desde abril de 1965 dirigió columna cubana que combatió junto a fuerzas antiimperialistas en el Congo. A finales de 1966 encabezó destacamento de voluntarios internacionalistas en Bolivia. Herido y capturado por el ejército boliviano en un operativo organizado por la CIA el 8 de octubre de 1967. Asesinado al día siguiente.

Haití, revolución en – En 1791, ante el impacto de la revolución francesa de 1789, estalló una insurrección de esclavos en Saint-Domingue, principal colonia francesa productora de azúcar. Dirigidos por Toussaint Louverture y luego Jean-Jacques Dessalines, los insurrectos abolieron la esclavitud y derrotaron invasiones de los ejércitos de Francia, España y Gran Bretaña. En 1804 crearon la República de Haití: la segunda nación independiente (después de Estados Unidos) en el Hemisferio Occidental y la primera república dirigida por negros en el mundo. El ejemplo de la revolución haitiana aterrorizó a los dueños de plantaciones e inspiró a los negros esclavizados en toda la región, desde Louisiana y Cuba hasta Sudamérica.

Herrera, Osvaldo (1933–1958) – Líder estudiantil en la lucha contra Batista. Capitán en el Ejército Rebelde, ayudante del comandante Camilo Cienfuegos. Enviado a Holguín en junio de 1958 para reorganizar la dirección de la clandestinidad urbana del Movimiento 26 de Julio. Tomado preso, se suicidó en vez de dar información.

Huelga general del 9 de abril – El 9 de abril de 1958, el Movimiento 26 de Julio convocó a una huelga general nacional en un intento de derrocar a la dictadura. Anunciada sin la preparación necesaria, el paro fracasó. Las fuerzas batistianas respondieron con mayor represión y ofensiva contra el Ejército Rebelde en la Sierra Maestra.

Iraq, guerra de (2003) – En marzo de 2003, unas 250 mil tropas norteamericanas y 45 mil británicas invadieron Iraq al amparo de intensos y constantes bombardeos de las principales ciudades. Las fuerzas imperialistas, que se toparon con poca resistencia, tomaron Bagdad en tres semanas. Derrocaron al régimen baazista de Saddam Hussein y comenzaron una ocupación militar que duró varios años. La guerra de 2003 fue precedida por el asalto a Iraq en 1990–91 dirigido por Washington y luego 12 años de bombardeos y sanciones económicas contra esa nación.

ISSCO – La Sociedad Internacional para el Estudio de los Chinos de Ultramar, fundada en una conferencia en San Francisco en 1992 a iniciativa de Wang Gungwu de la Universidad Nacional de Singapur y Ling-chi Wang, jefe del Departamento de Estudios Étnicos en la Universidad de California en Berkeley. Aglutina a catedráticos e investigadores a nivel mundial que estudian la diáspora china.

Jordan, Thomas (1819–1895) – General del Ejército Confederado en la Guerra Civil norteamericana. En 1869, como partidario del movimiento independentista cubano, encabezó expedición de 300 hombres que desembarcó en Cuba. General del Ejército Libertador y jefe del estado mayor. Después volvió a Estados Unidos.

Kai-shek, Chiang – *Ver* Chiang Kai-shek.

Kuomintang (Partido Nacionalista). *Ver* Chiang Kai-shek

Lazo, Esteban (1944–) – Obrero agrícola en Matanzas, fue miembro fundador de la Asociación de Jóvenes Rebeldes tras victoria de 1959. Participó en campaña de alfabetización de 1961. Se integró al predecesor del Partido Comunista en 1963. Miembro del Buró Político del partido desde 1986; jefe de su departamento ideológico, 2003–2013. Vicepresidente del Consejo de Estado desde 1992. Primer secretario del partido en la provincia de Ciudad Habana, 1994–2003. Presidente de la Asamblea Nacional del Poder Popular desde 2013.

Leyva, Enio (1936–) – Dirigente de las Brigadas Juveniles del Movimiento 26 de Julio, responsable del trabajo en las escuelas secundarias. En 1956 fue jefe de acción y sabotaje en La Habana. Se entrenaba para participar en expedición del *Granma* cuando fue arrestado por la policía en México. Regresó a Cuba en 1959 y se incorporó a las Fuerzas Armadas Revolucionarias. General de brigada de la reserva.

López, Antonio ("Ñico") (1934–1956) – Dirigente de la juventud del Partido Ortodoxo. Participó en asalto al cuartel de Bayamo el 26 de julio de 1953. Eludió arresto y fue a Guatemala; ahí conoció a Ernesto Guevara en 1954 y ayudó a reclutarlo al Movimiento 26 de Julio. En 1955–56 fue miembro de la Dirección Nacional del Movimiento 26 de Julio y jefe de sus Brigadas Juveniles. Expedicionario del *Granma* en diciembre de 1956. Capturado y asesinado por el ejército poco después del desembarco.

López Cuba, Néstor (1938–1999) – De familia campesina en Holguín. Se integró al Movimiento 26 de Julio en 1957 y al Ejército Rebelde en mayo de 1958. Herido mientras dirigía unidad de tanques en Playa Girón. Cumplió misiones internacionalistas en Siria en 1973 y Angola en 1975–76. A partir de 1979 encabezó misión militar cubana en Nicaragua por varios años durante guerra contra fuerzas contrarrevolucionarias respaldadas por Washington. Al momento de su muerte era general de división de las FAR, miembro del Comité Central del Partido Comunista y jefe ejecutivo de la Asociación de Combatientes de la Revolución Cubana.

Maceo, Antonio (1845–1896) – Dirigente de guerras cubanas de independencia contra España en el siglo XIX. Conocido en Cuba como el Titán de Bronce, dirigió invasión del occidente en 1895–96 que partió desde Oriente y llegó a la provincia de Pinar del Río. Al final de la primera guerra en 1878, se convirtió en símbolo de intransigencia revolucionaria al negarse a deponer las armas en lo que se conoce como la Protesta de Baraguá. Cayó en combate.

Machado, Gerardo (1871–1939) – Electo presidente de Cuba en 1924, impuso prórroga de su mandato en 1927, desatando protestas que fueron salvajemente reprimidas. Encabezó dictadura apoyada por Washington, 1927–33. Levantamiento revolucionario en agosto de 1933 tumbó a la dictadura y Machado se exilió.

Mambises – Los combatientes en las tres guerras cubanas de independencia contra España entre 1868 y 1898. Muchos eran esclavos fugados o emancipados y trabajadores chinos en servidumbre que habían huido. La palabra "mambí" es de origen africano.

Mandela, Nelson (1918–2013) – Dirigió el Congreso Nacional Africano (ANC) en la lucha contra el apartheid en Sudáfrica desde los años 40. Arrestado en 1962 y preso hasta 1990. Excarcelado tras 27 años ante avance de la lucha de masas, impulsada por la derrota del ejército del apartheid en Angola. Electo presidente de Sudáfrica en 1994 en las primeras elecciones post-apartheid del país; ejerció el cargo hasta 1999.

Marcano, Luis (1831–1870) – Nacido en República Dominicana, fue general en el ejército independentista cubano. Cayó en combate.

March, Aleida (1934–) – Miembro de la clandestinidad urbana del Movimiento 26 de Julio en Las Villas. A finales de 1958 subió a la sierra del Escambray. Se incorporó a la Columna 8 del Ejército Rebelde. Fue esposa de Ernesto Che Guevara.

Márquez, Juan Manuel (1915–1956) – Preso en los años 30 por oponerse a la dictadura de Machado. Dirigente fundador en 1947 del Partido Ortodoxo y de su ala izquierda. Se unió al Movimiento 26 de Julio en 1955. Segundo al mando en la expedición del *Granma*. Capturado días después del desembarco y asesinado.

Martí, José (1853–1895) – Héroe nacional de Cuba. Poeta y escritor, arrestado y exiliado a los 16 años por su actividad independentista. Fundó el Partido Revolucionario Cubano en 1892. Dirigió lucha contra dominio colonial español y designios de Washington sobre Cuba. Organizó guerra independentista de 1895. Cayó en combate.

Martínez Gil, Pascual (1943–2014) – Miembro del Movimiento 26 de Julio durante lucha contra Batista. Jefe de Tropas Especiales del Ministerio del Interior en Angola, 1975. Miembro del

Comité Central del Partido Comunista de Cuba, 1980–89; viceministro del interior, 1980–89. Ostentó grado de general de división. Arrestado en 1989 bajo cargos de abuso de autoridad y uso indebido de fondos y recursos estatales; sentenciado a 12 años de cárcel.

Martínez Hierrezuelo, Miguel Mariano – Combatiente de la lucha clandestina del Movimiento 26 de Julio en Santiago de Cuba. Participó en el levantamiento del 30 de noviembre de 1956 en apoyo al desembarco del *Granma*. Integrante de la Columna 1 del Ejército Rebelde al mando de Fidel Castro, luego en el Tercer Frente al mando de Juan Almeida.

Masetti, Jorge Ricardo (1929–1964) – Periodista argentino que subió a la Sierra Maestra en enero de 1958 y se unió a la causa rebelde. Fundó la agencia cubana de noticias Prensa Latina después de 1959. Se extravió y presuntamente murió mientras dirigía frente guerrillero en el norte de Argentina; nunca se hallaron sus restos.

Mella, Julio Antonio (1903–1929) – Presidente fundador de la Federación Estudiantil Universitaria en 1923. Dirigente fundador del Partido Comunista de Cuba en 1925. Arrestado por la policía de Machado en 1926, escapó a México, donde continuó su trabajo contra la dictadura. Asesinado en Ciudad de México por agentes machadistas en enero de 1929.

Milicias de Tropas Territoriales – Milicias voluntarias organizadas a nivel nacional en 1980 para ayudar en la defensa de Cuba contra amenazas de agresión imperialista tras victorias revolucionarias en Granada y Nicaragua. Integrada por 1.5 millones de trabajadores, agricultores, estudiantes y amas de casa que se entrenan durante su tiempo libre y contribuyen a financiar sus gastos militares.

Moncada, asalto al cuartel – El 26 de julio de 1953, unos 160 revolucionarios al mando de Fidel Castro lanzaron un asalto insurreccional contra el cuartel Moncada en Santiago de Cuba y contra el cuartel en Bayamo, dando inicio a lucha armada revolucionaria contra la dictadura de Batista. Cinco combatientes cayeron en el fallido asalto al Moncada y 56 revolucionarios capturados fueron masacrados por las fuerzas de Batista. Fidel Castro, Raúl Castro, Juan Almeida y otros 25 fueron capturados, juzgados y condenados a penas de hasta 15 años de prisión. Fueron amnistiados el 15 de mayo de 1955 tras una amplia campaña nacional por su libertad.

Moracén, Rafael (1939–) – Se integró al Ejército Rebelde en 1958. Cumplió misiones internacionalistas en Congo-Brazzaville, 1965–67; Siria, 1973; Angola, 1975–82. General de brigada (retirado) y Héroe de la República de Cuba. Fue jefe de relaciones internacionales de la Asociación de Combatientes de la Revolución Cubana.

Movimiento Revolucionario 26 de Julio – Fundado en junio de 1955 por Fidel Castro y otros asaltantes del Moncada, en fusión con otras fuerzas revolucionarias incluidos Acción Nacional Revolucionaria dirigida por Frank País y el Movimiento Nacional Revolucionario dirigido por Armando Hart y Faustino Pérez. En mayo de 1958 la dirección nacional fue centralizada en la Sierra Maestra, siendo Fidel Castro el secretario nacional además de comandante en jefe del Ejército Rebelde. Dirigió fusión con Partido Socialista Popular y Directorio Revolucionario en 1961, como paso hacia fundación del Partido Comunista de Cuba en 1965.

País, Frank (1934–1957) – Vicepresidente de la Federación Estudiantil Universitaria de Oriente. Dirigente central de Acción Nacional Revolucionaria y luego del Movimiento Nacional Revolucionario. En septiembre de 1955 el MNR se unió al Movimiento 26 de Julio, y País fue su principal dirigente en la provincia de Oriente, su jefe de acción nacional y jefe de sus milicias urbanas. Asesinado por fuerzas de la dictadura el 30 de julio de 1957.

Pardo Guerra, Ramón (1939–) – Se integró al Ejército Rebelde en 1957; estuvo en la Columna 8 al mando de Che Guevara en 1958. Miembro del Comité Central del Partido Comunista, 1965–86 y desde 1997. Cumplió misión internacionalista en Angola, 1980. Héroe de la República de Cuba. Jefe del estado mayor nacional de la defensa civil desde 2002. General de división.

Partido Auténtico (Partido Revolucionario Cubano) – Fundado en 1934, conocido como los "auténticos", se reclamaba el auténtico sucesor del Partido Revolucionario Cubano de José Martí. Dirigió el gobierno en 1944–52 con los presidentes Ramón Grau y Carlos Prío. Integrante clave de la oposición burguesa contra Batista, 1952–58. Formó brazo armado, Organización Auténtica. Tras caída del régimen batistiano, al profundizarse la revolución en 1959–60, los principales dirigentes auténticos se fueron a Estados Unidos, sumándose a las fuerzas contrarrevolucionarias.

Partido Socialista Popular – Nombre adoptado en 1944 por el Partido Comunista de Cuba. El PSP se opuso a la dictadura de Batista pero rechazó trayectoria política del asalto al Moncada y del Movimiento 26 de Julio y Ejército Rebelde de lanzar guerra revolucionaria en 1956–57. Cuadros del PSP colaboraron con el Movimiento 26 de Julio en los últimos meses de la lucha contra la dictadura. Tras victoria de 1959, el Movimiento 26 de Julio inició fusión con el PSP y el Directorio Revolucionario en 1961, que llevó a la fundación del Partido Comunista de Cuba en 1965.

Paz, Ramón (1924–1958) – Miembro del Movimiento 26 de Julio y comandante del Ejército Rebelde en la Columna 1. Cayó en el combate de Providencia el 28 de julio de 1958.

Pérez, Crescencio (1895–1986) – Miembro de una célula del Movimiento 26 de Julio en la Sierra Maestra antes del desembarco del *Granma.* Uno de los primeros campesinos en sumarse al Ejército Rebelde, terminó la guerra como comandante de la Columna 7. Tras el triunfo de la revolución, desempeñó diversas responsabilidades en las Fuerzas Armadas Revolucionarias.

Pérez Jiménez, Marcos (1914–2001) – Dictador militar de Venezuela desde 1952 hasta ser derrocado en un levantamiento popular en enero de 1958.

Período Especial – En Cuba se refiere a las severas condiciones económicas en los años 90 y la manera en que el gobierno las enfrentó. Con la desintegración de la URSS y caída de regímenes aliados en Europa oriental y central, Cuba perdió el 85 por ciento de su comercio exterior, produciendo una caída del 35 por ciento en el Producto Interno Bruto. Las escaseces de alimentos y otros artículos esenciales fueron amplificadas por la crisis capitalista mundial e incrementada guerra económica norteamericana. En 1996, gracias a los esfuerzos del pueblo trabajador y del gobierno de Cuba, la producción agrícola e industrial empezó a recuperarse, aunque a niveles muy por debajo de los años previos a 1990.

Pino Machado, Quintín (1931–1986) – Miembro del Movimiento 26 de Julio en Las Villas durante la guerra revolucionaria. Después de 1959 fue embajador en Nicaragua, 1959–60, representante ante la Organización de Estados Americanos y viceministro de cultura.

Plácido – Seudónimo literario del poeta Gabriel de la Concepción Valdés (1809–1844). Negro liberto, fue arrestado por autoridades coloniales españolas, acusado falsamente de ser cabecilla de una "Conspiración de la Escalera" para lanzar una sublevación de esclavos; fue fusilado.

Playa Girón – El 17 de abril de 1961, 1 500 mercenarios cubanos organizados, financiados y desplegados por Washington invadieron Cuba por la costa sur en Bahía de Cochinos. En menos de 72 horas de combate, fueron derrotados por las milicias, fuerzas armadas y policía revolucionarias de Cuba, y la mayoría de los invasores fueron capturados en Playa Girón.

Portugal, revolución en – En abril 1974, la decadente dictadura fascista de Marcelo Caetano en Portugal fue derrocada en un golpe militar, desencadenando el ascenso popular de masas conocido como la "Revolución de los Claveles". El avance de luchas independentistas en colonias africanas, especialmente en Guinea-Bissau, y la creciente oposición en Portugal a intentos de aplastar esos movimientos, fueron factores decisivos en la caída del régimen.

Quesada, Gonzalo de (1868–1915) – Secretario del Partido Revolucionario Cubano desde su fundación en 1892. Delegado en Washington de la República en Armas durante la guerra independentista cubana de 1895–98. Luego ayudó a publicar las obras completas de José Martí.

Ramos Latour, René (Daniel) (1932–1958) – Se integró al Movimiento 26 de Julio en 1955. Miembro del primer refuerzo del Ejército Rebelde en marzo de 1957. Regresó a Santiago de Cuba para ayudar a dirigir la lucha clandestina urbana; coordinador de acción nacional tras muerte de Frank País en julio de 1957. Regresó a la Sierra Maestra en mayo de 1958 y fue nombrado comandante de una columna. Cayó en combate el 30 de julio, al final de la ofensiva del ejército batistiano en la sierra.

Reeve, Henry ("El Inglesito") (1850–1876) – Tamborilero en el Ejército de la Unión durante la Guerra Civil estadounidense. Fue a Cuba y se unió a las fuerzas independentistas en 1869, inspirado por la lucha cubana contra la esclavitud. Coronel y luego comandante del destacamento de Cienfuegos del ejército libertador. Cayó en combate.

República en Armas – Creada por las fuerzas independentistas cubanas en abril de 1869, en la Asamblea de Guáimaro, para dirigir guerra contra el colonialismo español. El primer presidente fue Carlos Manuel de Céspedes. Decretó la abolición de la esclavitud y la servidumbre por contrato.

Revolución de 1933 – Ascenso revolucionario y huelga general que en agosto de 1933 derrocó a la dictadura de Machado. Esta fue reemplazada con un gobierno proimperialista encabezado por Carlos Manuel de Céspedes (hijo del iniciador de la guerra de independencia de 1868). El gobierno de Céspedes fue derrocado ese año en un golpe dirigido por oficiales subalternos, estudiantes y civiles, conocido como la "rebelión de los sargentos". Se formó gobierno de coalición "de los Cien Días" con dirigentes antiimperialistas como Antonio Guiteras, que decretó la jornada de ocho horas y anuló el "derecho de intervenir" de Washington (de la Enmienda Platt). Con apoyo de la embajada estadounidense, Fulgencio Batista, jefe del estado mayor del ejército, dirigió un segundo golpe el 14 de enero de 1934 que puso fin al gobierno revolucionario.

Rius Rivera, Juan (1848–1924) – Puertorriqueño que se unió a la guerra cubana de independencia en 1870. Al reanudarse la guerra en 1895, intentó organizar expedición armada para luchar por la independencia de Puerto Rico. Al fracasar ese plan, dirigió una expedición armada a Cuba y se unió al ejército independentista. Llegó a mayor general.

Rodríguez, René (1931–1990) – Miembro del movimiento revolucionario dirigido por Fidel Castro, 1952–53. Expedicionario del *Granma* en 1956. Estuvo en la Columna 8 al mando de Che Guevara. Ascendido a comandante en 1959. Presidente del Instituto Cubano de Amistad con los Pueblos, 1977–90. Miembro del Comité Central del Partido Comunista desde 1980 hasta su muerte.

Rodríguez Nodals, Adolfo (1945–) – Director del Instituto de Investigaciones Fundamentales en Agricultura Tropical (INIFAT). Jefe del Grupo Nacional de Agricultura Urbana en Cuba.

Roloff, Carlos (1842–1907) – Nacido en Polonia, viajó a Estados Unidos para combatir en el Ejército de la Unión durante la Guerra Civil. Fue a Cuba en 1865, combatió en el ejército independentista cubano en 1868. En la década de 1890 fue presidente del Partido Revolucionario Cubano en Tampa, Florida. Al reanudarse la guerra en 1895, regresó a Cuba y fue mayor general en el Ejército Libertador.

Rosales del Toro, Ulises (1942–) – Se incorporó al Ejército Rebelde en 1957 bajo el mando de Juan Almeida. Cumplió misiones internacionalistas en Argelia y Venezuela, 1963–68, y Angola en 1976. Miembro del Comité Central del Partido Comunista de Cuba desde 1975 y de su Buró Político, 1986–2011. Ministro del azúcar, 1997–2009, ministro de agricultura, 2008–10. Vicepresidente del Consejo de Ministros. General de división.

Salcines, Miguel (1950–) – Especialista en riego del Ministerio de Agricultura. Al frente de una UBPC, desarrolló proyectos de agricultura urbana en Cuba y contribuyó a crear uno en Venezuela.

Savimbi, Jonas (1934–2002) – Dirigió una facción del movimiento independentista angolano desde 1960. Dirigente fundador de la UNITA en 1966. Desde 1975, aliado de Pretoria y Washington para derrocar el gobierno angolano dirigido por el MPLA. Tras derrota de la intervención sudafricana en 1988, continuó guerra contra Luanda. Muerto en batalla, lo cual llevó a un cese al fuego después de 27 años de guerra. *Ver también* UNITA.

Schueg, Víctor (1936–1998) – Se incorporó al Ejército Rebelde en 1958 bajo el mando de Raúl Castro. Cumplió misiones internacionalistas en 1965 en el Congo, y en 1975–76 en Angola, donde fue jefe del estado mayor de la misión militar. Jefe del Ejército Central, 1987–88. General de brigada en las FAR. Miembro suplente del Comité Central del Partido Comunista de Cuba, 1980–86, miembro pleno, 1986–91.

Segundo Frente Nacional del Escambray – Grupo armado en Las Villas dirigido por Eloy Gutiérrez Menoyo. Se formó en noviembre de 1957 a iniciativa del Directorio Revolucionario, pero fue expulsado del Directorio a mediados de 1958 por aterrorizar a campesinos en el Escambray. Rehusó colaborar con fuerzas del Ejército Rebelde dirigidas por Che Guevara y otras unidades revolucionarias. Tras 1959 la mayoría de sus dirigentes se unieron a la contrarrevolución.

Sékou Touré, Ahmed (1922–1984) – Dirigente de la lucha independentista contra Francia en lo que hoy es Guinea-Conakry. Presidente del país tras la independencia en 1958, cargo que ocupó hasta su muerte.

Sumner Welles, Benjamin (1892–1962) – Subsecretario de estado norteamericano, enviado en 1933 por el presidente Franklin Roosevelt como embajador a Cuba para organizar la sustitución del dictador Gerardo Machado *Ver* Revolución de 1933.

SWAPO (Organización Popular de África Sudoccidental) – Fundada en 1960, encabezó lucha por la independencia de Namibia contra Sudáfrica; su dirigente fundador fue Sam Nujoma. Combatieron junto a fuerzas cubano-angolanas en el frente sur de Angola. Partido gobernante de Namibia desde la independencia en 1990.

Tito, Josip Broz (1892–1980) – Jefe del Partido Comunista de Yugoslavia desde 1939. Dirigió movimiento de partisanos contra la ocupación nazi en la Segunda Guerra Mundial. Primer ministro y luego presidente de Yugoslavia, 1945–80.

Tolón, José (Lai Wa) – Nacido en China, oficial del ejército cubano de independencia, quien luchó en las tres guerras cubanas contra el coloniaje español. Alcanzó grado de capitán.

Torres, Félix (1917–2008) – Comandó una columna guerrillera del PSP en Yaguajay, en el norte de Las Villas; colaboró con la columna de Camilo Cienfuegos del Ejército Rebelde a finales de 1958.

Trejo, Rafael (1910–1930) – Vicepresidente de la Asociación de Estudiantes de Derecho en la Universidad de La Habana. Asesinado por la policía el 30 de septiembre de 1930, durante una manifestación contra la dictadura de Machado.

Tribunales de Urgencia – Creados en junio de 1934 bajo el primer régimen de Batista, su propósito era procesar a personas por delitos políticos, y fueron usados contra los opositores de Batista. Abolidos tras el triunfo de la revolución.

UNITA (Unión Nacional para la Independencia Total de Angola) – Fundada en 1966 para luchar contra el dominio portugués, dirigida por Jonas Savimbi. En 1975 se alió con el régimen sudafricano del apartheid y Washington para derrocar al nuevo gobierno independiente en Angola dirigido por el MPLA. Libró guerra contra Luanda durante 27 años. Firmó cese al fuego en 2002, tras muerte de Savimbi en combate.

Valdés, Ramiro (1932–) – Chofer de camión y carpintero, participó en el asalto al Moncada en 1953. Condenado a 10 años de prisión. Excarcelado en mayo de 1955 tras campaña de amnistía. Expedicionario del *Granma.* Segundo al mando en la Columna 4 del Ejército Rebelde en la Sierra Maestra, luego comandante, y segundo al mando de la Columna 8 de Che Guevara en Las Villas. Ministro del interior, 1961–68, 1979–85. Miembro del Comité Central del Partido Comunista desde 1965, del Buró Político, 1965–86. Uno de los tres combatientes de la sierra con el grado de Comandante de la Revolución. Vicepresidente del Consejo de Ministros.

Van Heerden, Neil (1939–) – Director general del ministerio del exterior de la Sudáfrica del apartheid en los años 80. Participó en negociaciones con Cuba y Angola para poner fin a la guerra de Angola. De 1996 a 2005 fue director ejecutivo de una fundación que representa 60 de las mayores empresas sudafricanas.

Villegas, Harry (Pombo) (1940–) – Se incorporó al Ejército Rebelde en 1957; miembro de la escolta de Ernesto Che Guevara en las Columnas 4 y 8. Estuvo con Guevara en el Congo, 1965, y después en Bolivia, 1966–67, donde formó parte del estado mayor de la guerrilla. Después de que Guevara fue capturado en combate y asesinado en octubre de 1967, Villegas dirigió al grupo de seis combatientes que sobrevivieron y eludieron el cerco del ejército boliviano. Regresó a Cuba en marzo de 1968. Cumplió misión tres veces en Angola en los años 70 y 80. General de brigada (retirado) de las Fuerzas Armadas Revolucionarias. Miembro del Comité Central del Partido Comunista, 1997–2011. Vicepresidente ejecutivo de la Asociación de Combatientes de la Revolución Cubana, 1999–2012. Héroe de la República de Cuba.

Wang Gungwu (1930–) – Historiador y presidente fundador, en 1992, de la Sociedad Internacional para el Estudio de los Chinos de Ultramar. Ha escrito extensamente sobre la diáspora china. Catedrático de la Universidad Nacional de Singapur y presidente de su Instituto de Asia Oriental.

Wang, Ling-chi (1938–) – Dirigente fundador de la Sociedad Internacional para el Estudio de los Chinos de Ultramar. A fines de los 60 ayudó a dirigir luchas estudiantiles que lograron la creación de programas de estudios asiático-americanos en la Universidad de California (Berkeley) y otras universidades. Presidió por mucho tiempo el Departamento de Estudios Étnicos en el recinto de Berkeley.

Wong, José (Huan Taobai, aprox. 1898–1930) – Revolucionario de Cantón, China, que llegó a Cuba a principios de los años 20. En 1927 fue uno de los dirigentes fundadores de la Alianza Revolucionaria Protectora de Obreros y Campesinos Chinos en Cuba. Se unió al Partido Comunista de Cuba y fundó *Gunnun Hushen* (Grito Obrero-Campesino), periódico en chino, del cual fue director. En mayo de 1930 fue arrestado y recluido en la prisión del Príncipe en La Habana junto a otros dirigentes del Partido Comunista. Tres meses después murió estrangulado en la cárcel por agentes de la dictadura de Machado.

Yugoslavia, guerra dirigida por Washington contra – En 1999, culminando una década de ataques militares a Yugoslavia, Washington y sus aliados de la OTAN libraron 80 días de bombardeos en Serbia y Kosova que dejaron muertos y mutilados a miles de personas y arrasaron fábricas y la infraestructura. Con el fin de destruir las conquistas de la revolución yugoslava de 1945, los imperialistas aprovecharon las guerras entre capas burocráticas rivales que gobernaban en Serbia, Croacia y otras regiones. La ocupación militar y desmembramiento del país reforzó el predominio de Washington en Europa y condujo a una mayor expansión de la OTAN hacia el este, acercando aún más el poderío militar norteamericano a las fronteras de Rusia.

Índice

Los trabajadores y la creciente crisis política de los gobernantes de EE.UU.

Tres libros para el creciente debate entre trabajadores que buscan un camino para avanzar ante la calamidad económica y social y las guerras del capitalismo mundial.

El historial antiobrero de los Clinton

Por qué Washington le teme al pueblo trabajador

Jack Barnes

Hillary Clinton llama “deplorables” a los trabajadores que rehusaron votar por ella. Donald Trump usa demagogia para que los trabajadores se pongan unos contra otros. Barnes documenta el afán de lucro del capitalismo norteamericano en el último cuarto de siglo, y las consecuencias para los trabajadores y agricultores, quienes quieren “drenar el pantano” de la política capitalista usual.

US$10. También en inglés, francés y persa.

Marx y Engels sobre China y las Guerras del Opio

"Antes de que pasen muchos años, seremos testigos de la agonía mortal del imperio más viejo del mundo y del primer día de una nueva época para toda Asia".

Artículos de Carlos Marx y Federico Engels de la década de 1850 sobre el saqueo de China por el capitalismo europeo, las Guerras del Opio libradas por las potencias coloniales y la importancia de las riquezas y la mano de obra arrebatadas a China para la acumulación mundial del capital. En *Acerca del colonialismo,* US$7.

En inglés, en los tomos 15 y 16 de *Collected Works,* las obras completas de Marx y Engels, US$35 cada uno.

La Revolución Cubana

Cuba y Angola: La guerra por la libertad

HARRY VILLEGAS ("POMBO")

Esta es la historia del aporte inédito de Cuba a la lucha para liberar a África del azote del apartheid. Y de cómo, al hacerlo, se fortaleció la revolución socialista cubana.
US$10. También en inglés.

También:

Cuba y Angola

Luchando por la libertad de África y la nuestra

FIDEL CASTRO, RAÚL CASTRO, NELSON MANDELA Y OTROS

US$12. También en inglés.

¡Qué lejos hemos llegado los esclavos!

Sudáfrica y Cuba en el mundo de hoy

NELSON MANDELA, FIDEL CASTRO

Mandela y Castro, hablando juntos en Cuba en 1991, abordan el papel decisivo en la historia africana de la victoria de los combatientes cubanos, angolanos y namibios contra el ejército sudafricano que había invadido Angola con apoyo de Washington.
US$10. También en inglés y persa.

Las mujeres en Cuba

Haciendo una revolución dentro de la revolución

VILMA ESPÍN, ASELA DE LOS SANTOS, YOLANDA FERRER

La integración de la mujer a las filas y a la dirección de la Revolución Cubana fue parte esencial de la trayectoria proletaria del liderazgo desde el principio. Esta es la historia de esa revolución.
US$20. También en inglés y griego.

Dirigentes revolucionarios

Cuba y la revolución norteamericana que viene

Jack Barnes

Trata sobre las luchas del pueblo trabajador en el corazón del imperialismo, sobre los jóvenes atraídos a ellas y el ejemplo del pueblo cubano, que muestra que una revolución no solo es necesaria: se puede hacer. Trata sobre la lucha de clases en Estados Unidos, donde hoy día las fuerzas dominantes descartan la capacidad revolucionaria de los trabajadores y agricultores tan rotundamente como descartaron la del pueblo trabajador cubano. Y de forma igualmente errada.
US$10. También en inglés, francés y persa.

Malcolm X habla a la juventud

"La joven generación de blancos, negros, morenos y demás: ustedes están viviendo en tiempos de revolución", dijo Malcolm X en diciembre de 1964. "Por mi parte, yo me sumaré a quien sea, no me importa de qué color seas, siempre que quieras cambiar la situación miserable que existe en este mundo". Cuatro charlas y una entrevista.
US$15. También en inglés, francés, persa y griego.

El socialismo en el banquillo de los acusados

Testimonio en el juicio por sedición en Minneapolis

James P. Cannon

El programa revolucionario de la clase trabajadora, tal como fue presentado en respuesta a cargos fabricados de "conspiración sediciosa" en 1941, en vísperas del ingreso de Washington a la Segunda Guerra Mundial. Los acusados eran dirigentes del movimiento obrero en Minneapolis y del Partido Socialista de los Trabajadores.
US$16. También en inglés, francés y persa.

. . . en sus propias palabras

Política Teamster
Farrell Dobbs

Explica cómo el Local 544 del sindicato de camioneros Teamsters organizó a los desempleados y a choferes independientes en unidades auxiliares sindicales. Desplegó una Guardia de Defensa Sindical contra los Camisas Plateadas fascistas. Combatió casos fabricados por el FBI. Luchó para que el movimiento obrero emprendiera un camino político independiente de clase. Y promovió oposición obrera al ingreso del imperialismo norteamericano en la II Guerra Mundial.
US$19. También en inglés.

El socialismo y el hombre en Cuba
Ernesto Che Guevara, Fidel Castro

La presentación más conocida de Che Guevara sobre las tareas políticas y los desafíos de la clase obrera al dirigir la transición del capitalismo al socialismo.
US$15. También en inglés, francés, persa y griego.

Somos herederos de las revoluciones del mundo
Discursos de la revolución de Burkina Faso, 1983–87
Thomas Sankara

Los campesinos y trabajadores en este país de África Occidental crearon un gobierno popular revolucionario y comenzaron a combatir el hambre, el analfabetismo y el atraso económico impuestos por la dominación imperialista, así como la opresión de la mujer heredada de siglos de sociedad de clases.
US$10. También en inglés, francés y persa.

También de Pathfinder

Malcolm X
la liberación de los negros
y el camino al poder obrero
Jack Barnes

Este libro, al sacar lecciones de un siglo y medio de luchas, nos ayuda a comprender por qué la conquista revolucionaria del poder por la clase trabajadora hará posible la batalla final contra la explotación de clase y la opresión racista, y abrirá paso a un mundo basado en la solidaridad. Un mundo socialista.
US$20. También en inglés, francés, persa, árabe y griego.

El Manifiesto Comunista
Carlos Marx y Federico Engels

Explica por qué el comunismo no es un conjunto de principios preconcebidos sino la línea de marcha de la clase obrera hacia el poder, que surge de "las condiciones reales de una lucha de clases existente, de un movimiento histórico que se desarrolla ante nuestros ojos".
US$5. También en inglés, francés, persa y árabe.

La última lucha de Lenin
Discursos y escritos, 1922–23
V.I. Lenin

En 1922 y 1923, V.I. Lenin, dirigente central de la primera revolución socialista en el mundo, libró su última batalla política: una lucha que tras su muerte se perdió. Lo que estaba en juego era si esa revolución, y el movimiento internacional que esta dirigía, mantendría el curso proletario que había llevado al poder a los trabajadores y campesinos en octubre de 1917.
US$20. También en inglés y griego.

El imperialismo norteamericano ha perdido la Guerra Fría

Jack Barnes

El colapso hace un cuarto de siglo de los regímenes en Europa Oriental y la URSS que se autodenominaban comunistas no significó que los trabajadores y agricultores ahí fueron derrotados. En los actuales conflictos entre potencias imperialistas, estos trabajadores se convierten en un obstáculo tenaz al avance del capitalismo, y al luchar adquieren experiencia de liderazgo. US$15. También en inglés, francés, persa y griego.

De la sierra del Escambray al Congo

En la vorágine de la Revolución Cubana

Víctor Dreke

Un protagonista del movimiento revolucionario cubano por más de medio siglo habla sobre sus experiencias en 1965 como segundo al mando de la misión internacionalista en el Congo dirigida por Che Guevara. Describe el júbilo creativo del pueblo trabajador cubano al defender su curso revolucionario, dentro y fuera de Cuba.
US$18. También en inglés.

Puerto Rico: La independencia es una necesidad

Rafael Cancel Miranda

Este dirigente independentista puertorriqueño, uno de los cinco encarcelados por Washington por más de 25 años, hasta 1979, habla sobre la realidad brutal del coloniaje norteamericano, el ejemplo de la revolución socialista cubana y la lucha actual por la independencia.
US$6. También en inglés y persa.

AMPLÍE SU BIBLIOTECA REVOLUCIONARIA

"Son los pobres quienes enfrentan el salvajismo del sistema de 'justicia' en EE.UU."

Los Cinco Cubanos hablan sobre su vida en la clase trabajadora norteamericana

Cinco revolucionarios cubanos —presos 16 años en Estados Unidos bajo cargos falsos, entre los 7 millones de trabajadores atrapados en el sistema penal— recurren a su propia experiencia para explicar los estragos humanos causados por el sistema de "justicia" capitalista. Y lo que distingue a Cuba socialista. US$15. También en inglés, persa y griego.

50 años de operaciones encubiertas en EE.UU.

La policía política de Washington y la clase obrera norteamericana

LARRY SEIGLE, FARRELL DOBBS, STEVE CLARK

Cómo los trabajadores conscientes han luchado contra el fortalecimiento del estado de "seguridad nacional" que es esencial para mantener el dominio capitalista. US$12. También en inglés y persa.

Playa Girón/Bahía de Cochinos

Primera derrota militar de Washington en América

FIDEL CASTRO, JOSÉ RAMÓN FERNÁNDEZ

En abril de 1961 las fuerzas armadas revolucionarias de Cuba derrotaron, en menos de 72 horas, una invasión de 1 500 mercenarios organizada por Washington. El pueblo cubano dio un ejemplo a los trabajadores, agricultores y jóvenes del mundo: de que dotados de conciencia política, solidaridad de clase, valentía y una dirección revolucionaria, es posible enfrentar a un poder enorme y vencer. US$22. También en inglés.

Nuestra política empieza con el mundo

JACK BARNES

Las enormes desigualdades entre los países imperialistas y semicoloniales, y entre las clases dentro de ellos, son reproducidas y acentuadas por el mismo capitalismo. Para que los trabajadores de vanguardia forjemos partidos capaces de dirigir una exitosa lucha revolucionaria por el poder en nuestros propios países, nuestra actividad debe guiarse por una estrategia para cerrar esta brecha. US$14. También en inglés, francés, persa y griego.

La revolución traicionada

¿Qué es y adónde va la Unión Soviética?

LEÓN TROTSKY

En 1917 los trabajadores y campesinos de Rusia hicieron una de las más profundas revoluciones de la historia. Sin embargo, al cabo de 10 años, una capa social privilegiada, cuyo principal vocero era José Stalin, ya consolidaba una contrarrevolución política. Un estudio sobre el estado obrero soviético y su degeneración. US$20. También en inglés, persa y griego.

Los cosméticos, las modas y la explotación de la mujer

JOSEPH HANSEN, EVELYN REED, MARY-ALICE WATERS

Explica cómo los capitalistas aprovechan la condición de segunda clase de la mujer y sus inseguridades económicas para promover los cosméticos y sacar ganancias. Y cómo el ingreso de millones de mujeres a la fuerza laboral ha cambiado irreversiblemente las relaciones entre las mujeres y los hombres. US$15. También en inglés y persa.

Visite nuestro sitio web para una lista completa de títulos y hacer pedidos

www.pathfinderpress.com

DISTRIBUIDORES DE PATHFINDER

ESTADOS UNIDOS
(y América Latina, el Caribe y el este de Asia)

Libros Pathfinder, 306 West 37th St., 13° piso
Nueva York, NY 10018

CANADÁ

Libros Pathfinder, 7107 St. Denis, suite 204
Montreal, QC, H2S 2S5

REINO UNIDO
(y Europa, África, el Medio Oriente y el sur de Asia)

Libros Pathfinder, 83 Kingsland High St., 2° piso
Dalston, Londres, E8 2PB

AUSTRALIA
(y el sureste de Asia y Oceanía)

Pathfinder, 1er nivel, 3/281–287 Beamish St., Campsie, NSW 2194
Dirección Postal: P.O. Box 164, Campsie, NSW 2194

NUEVA ZELANDA

Pathfinder, 188a Onehunga Mall Rd., Onehunga, Auckland 1061
Dirección Postal: P.O. Box 13857, Auckland 1643

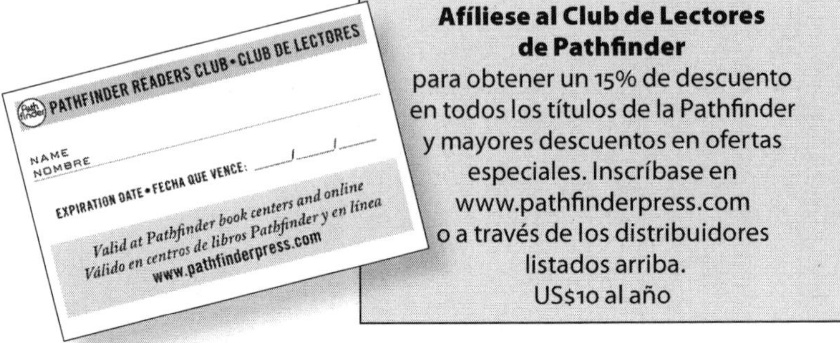